Königs Erläuterungen und Materialien
Band 301

Erläuterungen zu

Heinrich Böll

Ansichten eines Clowns

von Bernd Matzkowski

Bange Verlag

Über den Autor dieser Erläuterung:

Bernd Matzkowski ist 1952 geboren. Er ist verheiratet und hat drei Kinder.
Lehrer (Oberstudienrat) am Heisenberg Gymnasium Gladbeck
Fächer: Deutsch, Sozialwissenschaften, Politik, Literatur/Theater (in NRW in der Sek. II eigenes Fach mit Richtlinien etc.)
Beratungslehrer für Suchtprävention
Ausbildungskoordinator

1. Auflage 2003
ISBN 3-8044-1758-2

Titelabbildung: Heinrich Böll
Druck und Weiterverarbeitung: Tiskárna Akcent, Vimperk

Vorwort

Im Jahre 1985 verfasste Heinrich Böll ein „Nachwort" zu seinem 1963 erschienenen Roman *Ansichten eines Clowns*. Böll stellt darin die These auf, dass die jüngere Generation von Deutschen wohl kaum begreifen könne, warum „(...) ein solch harmloses Buch seinerzeit einen solchen Wirbel auslösen konnte."[1] Zugleich weist Böll darauf hin, dass man anhand der *Ansichten eines Clowns* gut lernen könne, wie schnell ein Roman zu einem historischen Roman werden könne, denn die Kritik an seinem Werk, vor allem aus dem Lager des „Verbandskatholizismus", sei 23 Jahre nach seinem Erscheinen schon nicht mehr nachvollziehbar. Für junge Menschen, so konstatiert Böll im Jahre 1985, sei das uneheliche Zusammenleben eines Paares eine Selbstverständlichkeit und überhaupt kein Anlass mehr für moralische Empörung oder sittliche Entrüstung. „Unverheiratet zusammenzuleben", so schreibt Böll im „Nachwort", „ist nicht nur gebräuchlich, es ist akzeptiert, in katholischen Kreisen genauso wie in nichtkirchlichen (...)." (280) Bölls 1985 geäußerte Auffassungen zu seinem Roman *Ansichten eines Clowns* gelten sicherlich erst recht heute. Zwar fördert der Staat, etwa durch das Steuerrecht, Ehe und die Familie in besonderer Weise, aber längst sind andere Formen des Zusammenlebens, bis hin zum Zusammenleben gleichgeschlechtlicher Paare, gesellschaftlich und gesetzlich akzeptiert und sogar juristisch geregelt.

Bölls Nachwort 1985

1 Heinrich Böll: Nachwort zu *Ansichten eines Clowns*, in H. Böll: Ansichten eines Clowns, Roman, dtv Band 400. 47. Auflage. München: dtv, Juni 2001, S. 277. Es handelt sich bei dieser Ausgabe um die (gängige) aktuelle Taschenbuchausgabe des Romans, aus der auch zitiert wird. Zitate aus dem Roman bzw. dem „Nachwort" werden ab jetzt durch Angabe der Seitenzahl ohne Sigle direkt hinter dem Zitat angezeigt.

Bölls Roman wirft einen Blick in die Anfangsjahre der Bundesrepublik; auch insofern ist er heute nahezu ein „historischer" Roman. Darin allein kann allerdings nicht sein Wert liegen; dies reichte noch nicht aus, um sich überhaupt mit ihm zu befassen. Interessant für heutige Leser ist er vielleicht dadurch, dass die Hauptfigur, der Clown Hans Schnier, zum Außenseiter wird, weil er seine Grundsätze und seine eigenen Wertmaßstäbe gegen die Gesellschaft verteidigt und dafür auch seinen sozialen Abstieg in Kauf nimmt. Insofern wird er zu einer Figur, an der man sich reiben, an der man sich aber auch aufrichten kann, gerade wenn man nach einer Orientierung für den eigenen Lebensweg sucht. Die Widersprüche, mit denen sich Schnier konfrontiert sieht, mögen heute obsolet und durch andere ersetzt sein, aber das Grundmuster, die Behauptung der eigenen Autonomie gegenüber den Ansprüchen der Gesellschaft, hat sich sicherlich nicht verändert.

1. Heinrich Böll: Leben und Werk[2]

1.1 Biografie

Jahr	Ort	Ereignis	Alter
1917	Köln	Böll wird am **21. 12.** als sechstes Kind der Eheleute Viktor und Maria Böll geboren.	
1924		Volksschule Köln-Raderthal	7
1928		Wechsel auf das Kaiser Wilhelm-Gymnasium	11
1937		Böll macht das Abitur.	20
	Bonn	Beginn einer Buchhändlerlehre	
1938		Einberufung zum Arbeitsdienst; Abbruch der Lehre; erste Schreibversuche	21
1939	Köln	Einschreibung an der Universität; Einberufung zum Kriegsdienst; Böll ist Soldat, Kriegsdienst in Frankreich, der Sowjetunion, in Rumänien und Ungarn sowie im Rheinland; Böll wird mehrfach verwundet und erkrankt an Typhus; 1945 ist er für kurze Zeit in amerikanischen und englischen Lagern in Gefangenschaft; im Dezember 1945 kehrt Böll nach Köln zurück.	22

2 Die Angaben zu Werken, Ehrungen und Preisen stellen eine Auswahl dar.

Jahr	Ort	Ereignis	Alter
1942	Köln	Böll heiratet Annmarie Cech.	25
1944		Tod der Mutter Bölls	27
1945		Geburt des Sohnes Christoph	28
1946		Immatrikulation an der Uni Köln; Böll übt verschiedene Hilfsarbeitertätigkeiten aus und schreibt Erzählungen und Romane.	29
1947		Erste Veröffentlichungen (Zeitungen)	30
1948		Geburt des Sohnes René	31
1949		Die erste Erzählung wird veröffentlicht: *Der Zug war pünktlich*	32
1950		Geburt des Sohnes Vincent; *Wanderer, kommst du nach Spa…* Veröffentlichung eines Bandes mit Kurzgeschichten	33
1951		Preisträger der „Gruppe 47" für die Erzählung *Das schwarze Schaf; Wo warst du, Adam?* (Roman)	34
1953		Böll wird Mitglied der Deutschen Akademie für Sprache und Dichtung. *Und sagte kein einziges Wort* (Roman); *Haus ohne Hüter* (Roman); Kritikerpreis für Literatur; Erzählerpreis des Süddeutschen Rundfunks	36

Jahr	Ort	Ereignis	Alter
1954	Irland	Ab Dezember 1954 erscheint in der FAZ Bölls *Irisches Tagebuch* (Böll hält sich mehrere Monate in Irland auf).	37
1955	Köln	Verschiedene Erzählungen, z. B. *Das Brot der frühen Jahre; So ward Abend und Morgen*	38
1958		*Dr. Murkes gesammeltes Schweigen* (eine der bekanntesten Satiren Bölls)	41
1959		*Billard um halb zehn* (Roman); Böll wird Mitglied in der „Akademie der Wissenschaften und Literatur" in Mainz. Großer Kunstpreis des Landes NRW	42
1960/62		Mitherausgeber der Zeitschrift *Labyrinth* (die Zeitschrift nimmt kritisch zu den Positionen der katholischen Amtskirche Stellung, findet aber nur wenige Leser)	43
1961		*Irisches Tagebuch* als Taschenbuch Literaturpreis der Stadt Köln	44
1963		***Ansichten eines Clowns***	46
1966		Rede zur Eröffnung des Wuppertaler Schauspielhauses („Kunst und Staat")	49
1967	Darmstadt	Georg-Büchner-Preis	50

Jahr	Ort	Ereignis	Alter
1968		Teilnahme an der Kampagne gegen die Notstandsgesetze	51
1969		Böll wird Präsident des PEN-Clubs.	52
1971	London	*Gruppenbild mit Dame* (Roman); Wahl zum Präsidenten des internationalen PEN (bis Mai 1974)	54
1972	Stockholm	**Nobelpreis für Literatur**	55
1975	Köln	*Die verlorene Ehre der Katharina Blum oder: Wie Gewalt entstehen und wohin sie führen kann* (Erzählung)	58
1976		Austritt Bölls aus der katholischen Kirche	59
1979		*Fürsorgliche Belagerung* (Roman)	62
1981–1985		Böll nimmt aktiv an der Friedensbewegung teil (Sitzblockaden, Rede auf der Friedenskundgebung in Bonn am 10. 10. 81).	64–67
1985		*Frauen vor Flusslandschaft* (Roman)	67
	Langenbroich	**16. 7. Tod Bölls in seinem 68. Lebensjahr**	
	Bonn	**Beisetzung am 19. 7.** in Bonn; der Roman *Frauen vor Flusslandschaft* wird nach Bölls Tod veröffentlicht.	

1.2 Zeitgeschichtlicher Hintergrund

Als Bölls Roman erscheint, sind 18 Jahre seit dem Ende des 2. Weltkrieges vergangen. Man hat sich im Frieden eingerichtet und ist dabei, die Zeit des Nationalsozialismus zu vergessen bzw. zu verdrängen. Und schon stehen die Menschen wieder an der Schwelle zu einem nächsten, noch größeren und dann wahrscheinlich auch letzten Krieg, denn die einstige Anti-Hitler-Koalition ist längst zerfallen. Die USA und die Sowjetunion stehen sich im „Kalten Krieg" als Führer von zwei militärischen und zugleich politischen und ideologischen Blöcken in Europa am „Eisernen Vorhang" hoch gerüstet gegenüber. Bereits Mitte der 50er Jahre beläuft sich das Arsenal an Atomwaffen auf rund 50 000 Stück; die Menschheit ist längst in der Lage, sich selbst und alles Leben auf der Welt mehrfach auszulöschen. Die Blockade Berlins (1948/49), der Koreakrieg (1950–1953) und die Suez-Krise (1956) sind deutliche Zeichen der Blockkonfrontation, deren steinernes Symbol die Mauer in Berlin werden sollte (13. August 1961). Die Mauer trennt nicht nur Deutschland, sondern ist auch die Grenze der beiden feindlichen Lager.

Kalter Krieg

In der Bundesrepublik Deutschland sind die Trümmer des Krieges weggeräumt, das so genannte Wirtschaftswunder der „sozialen Marktwirtschaft" hat eingesetzt, die Westintegration der Bundesrepublik ist abgeschlossen, denn die BRD ist mittlerweile Mitglied des Europarats und durch die Pariser Verträge (1954) auch Mitglied der Westeuropäischen Union und der NATO. Die Wiederbewaffnung West-Deutschlands ist beschlossen und die Bundeswehr bereits gegründet (1956).
Politisch ist das Klima dieser „Restaurationsjahre" durch die konservative

Restauration

Regierung aus CDU und CSU bestimmt, die 1957 unter Konrad Adenauer einen Wahlsieg erringt, bei dem sie 50,2 % aller Stimmen – und damit die absolute Mehrheit – auf sich vereinigen kann. Der zentrale Wahlslogan der CDU hieß (bezeichnenderweise): „Keine Experimente!" Bei den Wahlen zum Bundestag im September 1961 verlieren CDU und CSU allerdings ihre absolute Mehrheit, und es kommt zu einer Koalition mit der FDP. Eine Bedingung der FDP für die Zustimmung zur Koalition war der Rücktritt Adenauers zur Mitte der Legislaturperiode. Über das politische und gesellschaftliche Klima der Bundesrepublik in jenen Jahren schreibt Böll in seinem Aufsatz *Hierzulande* aus dem Jahre 1960 u. a.:

> *„Man weiß in diesem Land Großzügigkeit so wenig zu schätzen wie Sparsamkeit. Geld ist mit viel Sentimentalität befrachtet. Kein Wunder in einem Land, wo Armut weder mystische Heimat noch Station zum Klassenkampf mehr ist. In den Köpfen auch der sogenannten Intellektuellen sind die Begriffe: arm, brav, Arbeiter immer noch identisch; die Folgerung: Da die Arbeiter nicht mehr arm sind, gibt es keine Armut mehr – und die Arbeiter sind nicht mehr brav."*[3]

Wirtschaftswunder

Im Jahre 1963, dem Erscheinungsjahr des Romans ***Ansichten eines Clowns***, tritt Adenauer zurück und die Kanzlerschaft geht auf Ludwig Erhard (CDU) über, den sog. „Vater des Wirtschaftswunders". Erhard, der in allen Kabinetten Adenauers Wirtschaftsminister war, wird das Konzept der „sozialen Marktwirtschaft" zugeschrieben; mit ihm verbindet sich die wirtschaftliche Prosperität der jungen Bundesrepublik, die sich 1963 in einem Bruttosozialprodukt von 358 Milliarden DM ausdrückt (1949: 88 Milliarden DM). Das Jahr 1963, in dem der amerikanische

3 Heinrich Böll: *Hierzulande – Aufsätze zur Zeit*, S. 15.

Präsident J. F. Kennedy Deutschland besucht (Juni) und die erste Spielzeit der Fußball-Bundesliga beginnt (August), ist allerdings auch das Jahr des Erscheinens von Rolf Hochhuths Theaterstück *Der Stellvertreter*, in dem sich Hochhuth kritisch mit der Rolle der katholischen Kirche und des Papstes während der NS-Zeit auseinander setzt, und des Buches *Kapitulation oder Deutscher Katholizismus heute* von Carl Amery, über die Heinrich Böll im Nachwort zu *Ansichten eines Clowns* u. a. schreibt:

> *„Zugegeben: Das Jahr 1963 war für die Demonstrativ-C-isten ein hartes Jahr. Es erschien Carl Amerys ‚Kapitulation', Hochhuths ‚Stellvertreter' und das im Jahre 2 des zweiten Vatikanischen Konzils. (...) Möglich, dass das Jahr 1963 mit der ‚Kapitulation', dem ‚Stellvertreter' und diesem Buch* (gemeint ist *Ansichten eines Clowns*, B. M.) *ein Jahr der ‚Wende' war, alle Versuche zur ‚Rückwende' des Verbandskatholizismus sind gescheitert: Keiner mag mehr so recht zwanzig Jahre beziehungsweise ein Jahrhundert zurück."* (281)

Kritik am Katholizismus

Amery unterscheidet in seinem Buch zwischen dem „Deutschen Katholizismus" und der römischen Kirche sowie dem „Milieu" und den Katholiken. Er kritisiert die Verstrickung des deutschen Katholizismus mit der CDU und die Verflechtungen von katholischer Kirche und politischen Herrschaftsinstanzen in Staat und Gesellschaft („Milieu"). Amery konstatiert eine wachsende Entfremdung zwischen der Amtskirche und den Katholiken und verteidigt die Gültigkeit der christlichen Botschaft gegenüber der Inanspruchnahme des Glaubens durch Machtkartelle und kirchliche Hierarchien.[4] In vielen Punkten ist seine Position durchaus deckungsgleich mit der Heinrich Bölls in den beginnenden 60er Jahren, also zur Zeit der Arbeit am

4 Siehe hierzu ausführlich Balzer, S. 23–26.

Roman *Ansichten eines Clowns*. Im Jahre 1985 schreibt Heinrich Böll:

> *„Es müssen, wenn man vom deutschen Katholizismus spricht, vier Kategorien voneinander unterschieden werden: der Verbandskatholizismus, in dem es auch zu bröckeln beginnt, etwa innerhalb der organisierten katholischen Jugend, die Amtskirche, die deutschen Katholiken und die katholische Theologie, die das kulturelle Defizit längst aufgeholt hat."* (282)

Die Werke von Hochhuth und Amery rückten in einer Zeit der wirtschaftlichen Blüte, der politischen Stabilität, aber auch des gesellschaftlichen Konservatismus die Kritik an Gegenwart und Vergangenheit der katholischen Kirche in den Mittelpunkt und beleben so eine Diskussion über den politischen Standort Bundesrepublik. In die Zeit dieser Diskussion fällt auch das Erscheinen von Bölls Roman *Ansichten eines Clowns*.

1.3 Angaben und Erläuterungen zu wesentlichen Werken[5]

Mit Beginn der 60er Jahre wird Heinrich Böll zum meistgelesenen und meistübersetzten deutschen Nachkriegsautor. Weder Grass noch Enzensberger oder Bachmann gelten als die Repräsentanten der deutschen Literatur, sondern der Autor aus Köln, dessen *Clown*-Roman in gewisser Weise das Ende der Adenauer-Ära literarisch manifestiert.[6] Ins Bewusstsein der (literarisch interessierten) Öffentlichkeit ist Heinrich Böll zunächst als Autor von Kurzgeschichten getreten, die die Kriegs- und Nachkriegszeit thematisieren. Von 1947 bis 1950 werden insgesamt 30 Kurzgeschichten Bölls veröffentlicht, von denen 25 durch den Autor selbst für den 1950 erschienenen Sammelband ***Wanderer, kommst du nach Spa...*** ausgewählt werden. Die Titelgeschichte schildert die Einlieferung eines jungen Mannes in ein nun als Lazarett fungierendes Gymnasium, das der Junge noch vor seiner Einberufung zum Kriegsdienst als Schüler besucht hat. Der auf Grund seiner schweren Verwundungen dem Tod geweihte Junge erkennt im Zeichensaal an der Tafel die von seiner Hand geschriebene Zeile „Wanderer, kommst du nach Spa...", den verstümmelten Beginn eines Simonides zugeschriebenen Epitaphs, das in der Nachdichtung Schillers lautet:

„Wanderer, kommst Du nach Sparta, verkündige dorten, du habest
Uns hier liegen gesehn, wie das Gesetz es befahl."[7]

---

5 Der Abschnitt beschränkt sich auf Hinweise zum Werk Bölls bis zum Erscheinen des *Clown*-Romans. Dem umfangreichen Gesamtwerk des Autors kann hier aus Platzgründen nicht Genüge getan werden.

6 Vgl. Werner Bellmann, Vorwort, in: Bellmann (Hrsg.), S. 9.

7 Zitiert nach Bellmann, S. 46.

Angesichts der Zeilen an der Tafel wird dem Jungen die Sinnlosigkeit seines soldatischen Handelns ebenso bewusst wie die Unmenschlichkeit der Zeit. Der Text endet insofern versöhnlich, als der Hausmeister der Schule der Bitte des Sterbenden, ihm ein Glas Milch zu reichen, in christlicher Nächstenliebe nachkommt.[8]

1951 erscheint Bölls Roman ***Wo warst du, Adam?*** Der Roman schildert in neun Episoden das Schicksal einer Gruppe von Soldaten im 2. Weltkrieg, die auf dem Rückzug von Rumänien aus nach Deutschland ist. Böll zeigt in den unterschiedlichen „Bildern" Ereignisse um Offiziere und einfache Dienstgrade, wobei der Soldat Feinhals als wichtigste Figur angesehen werden kann. Drastisch und ohne Beschönigungen, in den Details realistisch und zugleich voller Mitgefühl für die Leidenden, geht der Roman der Frage der Schuld und moralischen Verantwortung jedes Einzelnen nach, worauf der Titel bereits hinweist, der einem Satz Theodor Hackers entnommen ist und darauf abzielt, dass das Verstricktsein in den Krieg keine Entschuldigung vor Gott ist.[9] Ein Verkaufserfolg wurde der im November des Jahres in Buchform erschienene Roman zunächst übrigens nicht. Es dauerte immerhin nahezu sieben Jahre, bis die 2700 Exemplare der ersten Auflage verkauft worden sind.[10]

Zu Beginn der 50er Jahre entsteht der Roman ***Und sagte kein einziges Wort***, der 1953 bei Kiepenheuer & Witsch erscheint und in dessen Mittelpunkt die Eheleute Fred und Käthe Bogner stehen. Der Roman weist zwei Perspektiven auf, die der Frau und die des Mannes, und spielt auf zwei Zeitebenen. Die rund zwei Tage umfassende Gegenwartsebene ist mit ei-

---

8 Siehe ausführlich u. a. Gabriele Sander: *Wanderer, kommst du nach Spa...*, in: Bellmann, S. 44 ff.

9 Vgl. Waidson: *Die Romane und Erzählungen Heinrich Bölls*, in: Lengning, S. 32.

10 J. H. Reid: *Wo warst du, Adam?* In: Bellmann, S. 56.

ner retrospektivischen Zeitebene verknüpft, die Ereignisse aus dem vergangenen Leben der Eheleute in die Gegenwart holt (z. B. Verlust der Kinder, Jahre des Krieges, Nachkriegselend). Die Ehe des Paares droht am gegenwärtigen Elend zu zerbrechen. Werner Bellmann schreibt über den Roman:

> *„Der Roman spiegelt die Desillusionierung des Autors, seine Enttäuschung vor allem darüber, dass nach dem Krieg ein wirklicher Neuanfang verpasst wurde und die restaurativen Kräfte sich zunehmend durchzusetzen vermochten. Die durchaus kritische Auseinandersetzung mit schon früh registrierten sozialen Widersprüchen und den sich herausbildenden Strukturen der Ungerechtigkeit hat – neben der schonungslosen Darstellung von Hunger und Elend, von körperlichem Leiden und seelischen Verstörungen – fraglos dazu beigetragen, dass die Bemühungen um eine Publikation des Romans im Sommer 1951 am Widerstand des Verlages Midellhauve gescheitert sind."*[11]

In dem im Jahre 1954 veröffentlichten Roman ***Haus ohne Hüter*** thematisiert Böll am Beispiel der Mütter der befreundeten Jungen Martin Bach und Heinrich Brielach das Schicksal von Kriegerwitwen. Die beiden Jungen entstammen unterschiedlichen sozialen Schichten (Heinrich Brielach kommt aus einfachen Verhältnissen, die Bachs sind begütert). Heinrichs Mutter geht Beziehungen mit unterschiedlichen Männern ein, lässt ein unerwünschtes Kind abtreiben und gerät schließlich an einen Bäckermeister, der sie jedoch ausnutzt. Die Gespräche der Jungen kreisen um die Themen Moral und Unmoral, Sexualität und die Beziehungen der Mütter. Zugleich behandelt der Roman die Auseinandersetzung mit der NS-Vergangenheit, denn Rai Bach, der Vater von Martin, ist während des Krieges zu einem sinnlosen Spähtruppunternehmen eingeteilt

11 W. Bellmann, in: Bellmann (Hrsg.), S. 83.

worden und dabei gefallen. Offizier Gäseler, der für diese sinnlose Aktion verantwortlich ist, hält nach dem Krieg Vorträge über Rai Bach, der einst ein bekannter Lyriker war, bis Gäseler mit der Vergangenheit und seiner Verantwortung konfrontiert wird.
1958 erscheint eine der bekanntesten Satiren Heinrich Bölls, die im Milieu des öffentlich-rechtlichen Rundfunks angesiedelte Geschichte ***Dr. Murkes gesammeltes Schweigen***. Dr. Murke sieht sich mit der Aufgabe konfrontiert, aus allen Beiträgen des Essayisten Bur-Malottke, die seit 1945 gesendet worden sind, das Wort „Gott" herauszuschneiden und es durch die Formulierung „jenes höhere Wesen, das wir verehren" zu ersetzen. Murke selbst sammelt Tonbandaufzeichnungen mit „Schweigen"; die aus den Aufzeichnungen mit Bur-Malottke herausgeschnittenen „Gott-Schnipsel" gibt Murke wiederum an einen Redakteur weiter, der in einem Hörspiel nun „Schweigen" durch „Gott" ersetzen kann.

> *„‚Dr. Murke' ist eine Satire, die nichts weniger als die Grundfesten unserer Welt in Frage stellt. (…) Dass es Machtmenschen wie Bur-Malottke und anstößige, auf Dominanz und Submission getrimmte Organisationen nach wie vor geben wird, ist ein Gemeinplatz, der aber darum nicht ohne Widerspruch hingenommen werden muss. Das wird auch weiterhin besonders für den Satiriker gelten, der sich aufgrund seines aggressiven Naturells wie auch seiner moralischen Indignatio nicht zum Schweigen bringen lässt."*[12]

Der 1959 erschienene Roman ***Billard um halb zehn*** erzählt von drei Generationen der Architekten-Familie Fähmel, deren Geschichte eng mit der der Abtei Sankt Anton verknüpft ist. Robert Fähmels Vater Heinrich erbaut die Abtei, Robert zer-

12 E. Friedrichsmeyer: *Doktor Murkes gesammeltes Schweigen*, in: Bellmann, S. 159.

stört sie im Krieg – er lässt sie sprengen, vorgeblich, um freies Schussfeld zu schaffen, eigentlich aber, um sich an den Mönchen zu rächen, die mit den „Büffeln" (NS-System) kooperierten – und Roberts Sohn Joseph ist nun an ihrem Wiederaufbau beteiligt. Die Handlung, formal bedient sich Böll der Technik des indirekten inneren Monologs in erlebter Rede, aus der der Verlauf der Handlung zu entwickeln ist, spielt am 6. 9. 1958, dem Tag von Heinrich Fähmels 80. Geburtstag, reicht auf der Ebene der Retrospektive aber bis in das Jahr 1907. Die Auseinandersetzung mit der NS-Zeit und rechtsradikalen Strömungen in der Gegenwart, also dem Fortwirken der Vergangenheit in der jungen Bundesrepublik, ist ein Thema, das der Roman aufgreift, ebenso die Frage des Widerstandes gegen das Machtregime der Nationalsozialisten, die Verantwortung der Christen und die Skepsis gegenüber den Restaurationstendenzen in den 50er Jahren. All dies sind Themen, die auch der Roman ***Ansichten eines Clowns*** aufgreift.

Krieg und Nachkriegszeit als Thema

Am Anfang des schriftstellerischen Werkes von Heinrich Böll steht die Auseinandersetzung mit den Schrecken des Krieges und dem Elend (dem materiellen und psychischen) der Nachkriegszeit. Böll kann hier aus eigenem Erleben schreiben. Gleichwohl gilt:

> *„Obwohl Bölls Werk der Erfahrung nachgebildet ist, hat es nichts unmittelbar Autobiografisches, oder es ist zumindest die Autobiografie einer Generation. Keiner seiner Helden kann mit ihm verwechselt werden, alle sind verschieden, doch alle schlagen sich mit dem gleichen Problem herum: wie leben? was gleichbedeutend ist mit: wie essen? mit was leben? wie wieder Geschmack am Leben finden?"*[13]

13 Henri Plard: *Mut und Bescheidenheit – Krieg und Nachkrieg im Werk Heinrich Bölls*, in: Lengning, S. 46.

Die Frage, wie man wieder Geschmack am Leben finden konnte, hatte sich mit dem Ende des Krieges nicht erledigt, vielmehr waren auf sie nach dem Krieg nur neue Antworten zu finden. Schon bald wurde deutlich, dass das Ende des Krieges eben keine „Stunde Null" war, sondern das Erbe der Vergangenheit auch in der Gegenwart wirkte. Böll war und blieb ein wacher Beobachter der Gegenwart, ein Zeit-Genosse im besten Sinne des Wortes. Er richtete seinen schriftstellerischen Blick nun auf die (mangelnde) Auseinandersetzung mit der NS-Vergangenheit, auf die restaurativen Tendenzen, auf die sich immer deutlicher abzeichnende soziale Ungleichheit, auf den Bürokratismus der neuen Instanzen, auf die Entwicklung des Geldes zum „Leitsymbol" der bundesrepublikanischen Konsumgesellschaft, über die Böll in seinem Aufsatz *Hierzulande* sarkastisch angemerkt hat:

Vergangenheit und Gegenwart als Thema

> *„Die Preise für ein Herz und Gewissen fallen; für das, was der Mensch wirklich braucht, steigen sie. (...) Die einzige Drohung, die einem Deutschen* ***heute*** *Angst einflößt, ist die des sinkenden Umsatzes. Sobald diese Drohung sich zu verwirklichen scheint, tritt Panik ein, stehen alle Zeichen auf Hochalarm."*[14]

Hans Schnier, die Hauptfigur aus *Ansichten eines Clowns,* steigt aus dieser Geld- und Konsumgesellschaft aus. In der Maske des Clowns auf den Treppen des Bonner Bahnhofs sitzend wird er zur bettelnden Randexistenz.

14 Böll: *Hierzulande – Aufsätze zur Zeit*, S. 19.

2. Textanalyse und -interpretation

2.1 Entstehung und Quellen

Bölls Roman *Ansichten eines Clowns* ist auf dem Hintergrund seiner politisch-publizistischen Tätigkeit zu sehen, wie sie sich etwa in den Aufsätzen *Hierzulande* (1960), *Brief an einen jungen Katholiken* (1958) oder *Zwischen Gefängnis und Museum* (1961) manifestiert. Zugleich ist sein literarischer Standort verortet in den Aufsätzen *Bekenntnis zur Trümmerliteratur* (1952) und *Zur Verteidigung der Waschküchen* (1959). Als Autor ist er der „Gruppe 47" verbunden, in der sich Autoren jener Generation zusammengeschlossen hatten, die weder den Regeln des sozialistischen Realismus verpflichtet waren, wie etwa Anna Seghers oder Johannes R. Becher, noch den Formexperimenten der Moderne huldigten, wie etwa Benn. Über den Grundzug in den Auffassungen der „Gruppe 47" schreibt Günther Blamberger:

Böll und die Gruppe 47

> *„Das Schreiben der ‚jungen Generation' steht von Anfang an im Zeichen der Melancholie. Der Geist war und ist in Deutschland ohne Macht. Die Intellektuellen haben die Rollen von Hofnarren inne, die Kritik üben dürfen, aber nicht ernst genommen werden. So schwanken sie zwischen Verzweiflung und Verantwortung. Verzweiflung darüber, dass die bundesdeutsche Gesellschaft sich nur wirtschaftlich, nicht aber moralisch erneuert, Verantwortung dafür, dass die Ideale der Nachkriegszeit nicht vergessen werden. (…) Die jahrzehntelange Fortschreibung der Ideen der ersten Nachkriegsjahre bei Böll und anderen Autoren der ‚jungen Generation' erklärt sich daraus, dass die deutsche Wirtschaftswundergesellschaft ihre moralischen Forderungen*

> *nie eingelöst hat. So prägt das Programm der ‚Trümmerliteratur' noch die Poetik des Romans in den 60er Jahren, ablesbar an Bölls ‚Frankfurter Vorlesungen' (1964) und dem Roman ‚Ansichten eines Clowns' (1963), dessen Held ein melancholischer Narr und Nonkonformist ist."*[15]

Neben diesen kulturellen, politischen und literaturgeschichtlichen Rahmenbedingungen, die Bölls Schaffen prägten und Einfluss auf die Entstehung des *Clown*-Romans genommen haben, lassen sich aber auch stoffliche Bezüge nennen, die das Werk in einen literarischen Kontext setzen. In der begleitenden Fachliteratur wird gelegentlich darauf aufmerksam gemacht, dass Bölls *Ansichten eines Clowns* im Zusammenhang mit Jerome D. Salingers *Der Fänger im Roggen* zu sehen ist, einem Roman, den Böll im Jahre 1962 neu übersetzte. Wie Bölls Protagonist Hans Schnier, so wird auch Salingers Held Holden Caulfield zum Außenseiter; gibt Schnier seinen Brotberuf als Clown auf und wird zum Straßenbettler, so verlässt Caulfield die Schule und entzieht sich den Zwängen und Anforderungen der Gesellschaft. Wie Schnier setzt sich auch Holden Caulfield mit den Anforderungen der Gesellschaft auseinander, sieht sich mit den Erwartungen seiner Eltern konfrontiert. Aber er führt diese Auseinandersetzung als Jugendlicher, der an der Schwelle zum Erwachsenwerden steht, sich aber dem Erwachsenwerden entziehen möchte. Günther Blöcker stellt zur Beziehung zwischen dem Clown Hans Schnier und Salingers Holden Caulfield fest:

Der Fänger im Roggen

> *„Hans Schnier, der böllsche Clown, ist ein Blutsverwandter von Salingers Holden Caulfield: Beide sind zarte Seelen von rigoroser Sensibilität und immer wacher Ekelbereitschaft; passive Em-*

15 Günther Blamberger: *Ansichten eines Clowns*, in: Bellmann, S. 202 f.

pörer voll ohnmächtigen Zorns und in ihrer Sehnsucht nach dem Wahren jeder Verletzung preisgegeben; Opfer einer Gesellschaft, die sie in die Außenseiter- und Narrenrolle zwingt. Auch Einzelmotive lassen sich nachweisen: so die besonders nachdrückliche Akzentuierung des Bruder-Schwester-Verhältnisses."[16]

Narren und Clowns

Mit der Wahl eines Clowns als Hauptfigur stellt sich Böll natürlich in die Tradition der Narrenliteratur. Die Tradition dieser Literatur beginnt mit den antiken Satyrn (den antiken Tragödien-Trilogien war ein Satyrspiel zugeordnet), führt zu den Narren in Shakespeares Dramen und in der Commedia dell'Arte, streift aber auch eine Figur wie Till Eulenspiegel oder, um ein neueres Beispiel zu nennen, den Blechtrommler Oskar Matzerath aus Grass' Roman *Die Blechtrommel*. Neben diesen literarischen Vorbildern verweist der Clown Hans Schnier natürlich auch auf die „modernen" Clowns aus dem Zirkus und auf der Kinoleinwand, namentlich Grock und Charlie Chaplin, die im Roman ebenso erwähnt werden wie die Narren Shakespeares und der Pierrot aus der Commedia dell'Arte („(...) und ich hatte am ersten Abend schon (...) ein Gespräch über Grock und Chaplin und den Narren in Shakespeares Dramen (...) – ich wäre ein guter Pierrot, könnte aber auch ein guter Clown sein.", 108). Auf eine weitere literaturhistorische Tradition verweist der Roman selbst, nämlich wenn Hans Schnier auf Kleists Aufsatz über das Marionettentheater mit den Worten anspielt: „Ich sah ihn nur an, mit ‚leeren Augen', wie eine kleistsche Marionette." (179) Mit dem Bölls Roman vorangestellten Motto ruft der Autor christliche Kontexte auf, in denen sein Roman zu sehen ist: „Die werden es sehen, denen von Ihm noch nichts verkündet ward, und die verstehen, die

16 Günther Blöcker: *Der letzte Mensch*, in Lengning, S. 74 f.

Das Motto des Romans

noch nichts vernommen haben." (6) Im „Nachwort" aus dem Jahre 1985 empfiehlt Heinrich Böll seinen Lesern und Kritikern, dieses Zitat, das aus dem *Römerbrief* stammt (Kapitel 15, Zeile 21, eine zweite Quelle ist Jesaja 10/11), als „eine Art Schlüssel" (277) zum Verständnis des Romans zu benutzen. Als stofflicher Kern oder besser als Hauptquelle für den Roman kann jedoch die griechische Theseus-Sage gelten. Der mythische Stoff schildert die Heldentaten des Theseus, als deren bekannteste der Kampf des Theseus mit dem Minotaurus in dessen unterirdischem Labyrinth auf Kreta zu nennen ist. Theseus

Mythos als Stoff

besiegt das Zwitterwesen aus Mensch und Stier im Kampf, findet aus dem Labyrinth aber nur mit Hilfe des Fadens heraus, dessen Anfang Ariadne am Ausgang des Labyrinths hält. Böll hat zur Bedeutung der Theseus-Sage für seinen *Clown*-Roman ausführlich Stellung genommen und soll deshalb hier entsprechend zu Wort kommen:

> *„Die Geschichte dieses Buches kann ich Ihnen ganz einfach erklären. Ich habe einige Zeit mit Freunden eine Zeitschrift gemacht, die hieß* ***Labyrinth****. Sie kennen die Sage vom Labyrinth, die Theseus-Ariadne-Geschichte. Wir mussten die Zeitschrift drangeben, nicht nur aus finanziellen Gründen, sondern auch, weil wir nicht wussten: wie weiter; und dann schrieb jeder der Herausgeber, es waren vier, eine kleine Erklärung des Scheiterns (…) und meine Erklärung war eine Interpretation der Theseus-Sage, und diese Interpretation war der Plot für den Roman. Es ist eigentlich die Geschichte von Theseus und Ariadne: Theseus im Labyrinth, Ariadne schneidet den Faden ab und da sitzt er da. Und das Labyrinth, und das kann ich in dem Fall wirklich sagen, weil ich den Kontext kenne, ist der*

politische deutsche Katholizismus. (...) für mich war das der Einstieg in den Roman, es war eigentlich die Fortsetzung der Zeitschrift als Roman (...) und die Übernahme des Mythos vom Labyrinth in einen christlichen Zusammenhang."[17]

Böll greift das Motiv des Fadens mehrfach im Roman auf, so wenn er seinen Protagonisten über sich selbst sagen lässt:

„(...) und was manche Kritiker ‚diese nachdenkliche, kritische Heiterkeit' nannten, ‚hinter der man das Herz schlagen hört', war nichts anderes als eine verzweifelte Kälte, mit der ich mich zur Marionette machte; schlimm übrigens, wenn der Faden riss und ich auf mich selbst zurückfiel." (9)

Unterschiede zwischen dem mythischen Stoff und dem Roman

Was die Theseus-Ariadne-Sage angeht, so bleibt allerdings festzuhalten, dass Böll sie in einem entscheidenden Punkt verändert: Bei Böll ist es Marie, die Schnier verlässt, die sozusagen den Faden durchtrennt; im antiken Mythos opfert Theseus Ariadne; er lässt sie auf Naxos zurück. Der antike Theseus entsteigt dem Labyrinth als Sieger, als Bezwinger des Minotaurus. Böll deutet auch dieses Sieger-Motiv um:

„Nach Bölls Angaben lässt sich die Transposition der Labyrinth-Sage in den **Ansichten eines Clowns** *so darstellen: Schnier ist das Opfer im Labyrinth, die mörderischen Ordnungsprinzipien einer minotaurischen Gesellschaft vernichten ihn, Marie hat sich und ihn an sie verraten, indem sie den rettenden Faden ihrer Liebe zerschnitt."*[18]

17 Heinrich Böll im Gespräch mit H. L. Arnold, zitiert nach Balzer, S. 26.
18 Blamberger, in: Bellmann, S. 214.

2.2 Inhaltsangabe

Kapitel 1 (7–15)

Der Protagonist des Romans, der Clown Hans Schnier, erreicht, aus Bochum mit dem Zug kommend, Bonn, wo er wohnt. Hans Schnier musste am Vortag in Bochum einen Auftritt abbrechen, weil er „mehr oder weniger absichtlich" (29) ausgerutscht war. Der Ich-Erzähler stellt sich vor („Ich bin ein Clown, offizielle Berufsbezeichnung: Komiker, keiner Kirche steuerpflichtig, siebenundzwanzig Jahre alt", 8), erwähnt, dass er aus einem protestantischen Elternhaus kommt, ohne selbst allerdings religiös zu sein (8 f.), teilt mit, dass er unter Melancholie und Kopfschmerzen leidet, beides verstärkt dadurch auftretend, dass ihn seine langjährige Lebensgefährtin Marie, die katholisch ist, verlassen hat (9). Schnier schildert das Gefeilsche um seine Gage mit dem Bochumer Veranstalter Kostert, der einem christlichen Bildungswerk vorsteht, erwähnt seinen Agenten Zohnerer und den Umstand, dass mehrere Auftritte nicht stattfinden werden, weil die Veranstalter sie auf Grund seiner seit drei Wochen häufig auftretenden Trunkenheit storniert haben (10). Schnier erwähnt Monika Silvs, eine gute Bekannte, und eine dritte Eigenschaft, die er (neben der Melancholie und den Kopfschmerzen) hat, nämlich die Begabung mit der „fast mystischen Eigenschaft", Gerüche durch das Telefon wahrnehmen zu können. (13)

Kapitel 2 (15–19)

Schnier schildert seine Ankunft in Bonn: er hat nur noch eine Mark in der Tasche, humpelt auf Grund seiner Verletzung stark und schleppt sich in die Wohnung, die nur zwei Minuten vom Bahnhof entfernt liegt. Die Wohnung hat er von seinem Großvater geschenkt bekommen. Das Appartement liegt im fünften Stock, alles ist rostfarben gehalten (Türen, eingebaute Schränke etc.). Schnier erwähnt sein „fürchterlichstes Leiden", nämlich die „Anlage zur Monogamie". Schnier weist darauf hin, dass er nur mit Marie all das tun könne, „was Männer mit Frauen tun" (16). Über Marie ist Schnier vor vier Jahren in einen „Kreis fortschrittlicher Katholiken" gekommen (17), über dessen Zusammenkünfte sich der Ich-Erzähler aber recht abfällig äußert („Nicht nur anstrengend, sondern auf eine überflüssige und unnatürliche Weise anstrengend.", 17) Mit Kinkel, Sommerwild und Züpfner erwähnt Schnier drei Mitglieder des Kreises. Am Beispiel des Themenabends „Armut in der Gesellschaft" verdeutlicht Schnier die Heuchelei und Verlogenheit der Kreismitglieder.

Kapitel 3 (19–22)

Monika Silvs, Schniers Bekannte, hat die Wohnung behaglich auf seine Ankunft vorbereitet. Zigaretten und Kognak sind ebenso vorhanden wie das Telefon, das angeschlossen ist und das Schnier als „die einzige Waffe" bezeichnet, die ihm geblieben ist und von der er Gebrauch machen will (21). Schnier trinkt Kognak und gießt sich davon auch etwas über sein geschwollenes Knie. Er stellt fest, dass er es nicht mehr gewohnt ist, in finanziellen Schwierigkeiten zu sein, da er in den letzten fünf Jahren mehr verdient hat, als er „hätte ausgeben müssen" (21), nun aber sein Geld aufgezehrt ist.

Kapitel 4 (22–28)

Im 4. Kapitel stellt der Ich-Erzähler seine Familie vor. Er erwähnt seinen Bruder Leo, der unter dem Einfluss Züpfners zum Katholizismus konvertiert ist und nun Theologie studiert. Es wird deutlich, dass Schnier den direkten Kontakt mit seinen Eltern abgebrochen hat. Er wirft ihnen, besonders seiner Mutter, den Tod der Schwester Henriette vor, die sich im Alter von sechzehn Jahren zur Flak gemeldet hat und ums Leben gekommen ist („Seit dem Tod meiner Schwester Henriette existieren meine Eltern für mich nicht mehr als solche.", 22). Schnier erwähnt seinen Lehrer Brühl, der damals für die Nazis Partei ergriffen hat, jetzt aber Professor an der Pädagogischen Akademie ist und als Mann mit „tapferer politischer Vergangenheit" gilt (24), und er erzählt eine Episode aus seiner Jugendzeit, in der er den Jungvolkführer Kalick, der im Park der Eltern Schießübungen durchführen durfte und den der junge Hans zunächst veralbert, dann mit Asche bewirft und ihn schließlich, ohne genau zu wissen, was es bedeutet, als „Nazischwein" bezeichnet (26). Schnier erwähnt in diesem Zusammenhang auch, dass er aus einer begüterten Familie kommt, die seit zwei Generationen Braunkohleaktien in Besitz hat.

Kapitel 5 (28–36)

Hans Schnier stellt eine Liste mit Personen zusammen, die er anrufen muss. Er unterteilt die Liste in die Gruppe von Personen, die er auf jeden Fall „anpumpen" kann, und solche, die er nur „im äußersten Fall" um Geld bitten würde (28). Zur zweiten Gruppe zählt er seine Eltern, seinen Bruder Leo und die Mitglieder des katholischen Kreises. Schnier kommt auf den Unfall in Bochum zu sprechen, den er letztlich aus der ihm aufgezwungenen Monogamie heraus absichtlich herbeigeführt habe. Schnier stellt sich vor, dass „Marie diese Sache, die sie nur mit mir tun sollte, mit Züpfner macht" – und diese Vorstellung treibt seine „Melancholie zur Verzweiflung" (29). Schnier will Marie, mit der er sechs Jahre gelebt hat und die nun mit Züpfner zusammen ist, nicht aufgeben. Hans Schnier ruft zunächst seine Mutter an, die schon seit geraumer Zeit „Präsidentin des Zentralkomitees der Gesellschaften zur Versöhnung rassistischer Gegensätze" ist (30), ohne sich jedoch ihrer eigenen politischen Vergangenheit gestellt zu haben. Schnier provoziert seine Mutter sogleich mit einer Anspielung auf ihre Sympathien für das Nazi-Regime. Die völlige Entfremdung zwischen Mutter und Sohn wird deutlich. Schnier erkundigt sich nach seinem Vater und seinem Großvater, aber das Gespräch bleibt letztlich oberflächlich. Am Beispiel des Schriftstellers Schnitzler wird die unbewältigte Nazi-Vergangenheit thematisiert (34 f.), ohne dass die Mutter jedoch Einsicht zeigen würde. Nach einer Weile des Schweigens am Telefon kommt das Gespräch durch die Mutter auf das Thema Geld, woraufhin Schnier betont, dass er keines brauche. Mit einer weiteren Anspielung auf die Nazi-Zeit und die Rolle seiner Mutter beendet Schnier das Gespräch.

Kapitel 6 (36–39)

Schnier reflektiert seine berufliche Situation, kommt auf einige seiner Essensvorlieben zu sprechen (siehe 38), sagt, dass er „mit der Gosse" rechne, seine „Marionettenfäden" aber fest in der Hand halte, und beschließt, um Marie zu „kämpfen", da er sie zurückhaben will, „nur um der Sache willen, die in ihren Büchern als ‚fleischliches Verlangen' bezeichnet wird." (39).

Kapitel 7 (39–69)

Das 7. Kapitel geht ausführlich auf die Liebesbeziehung zwischen Hans Schnier und Marie Derkum ein. Zum Zeitpunkt des Kennenlernens war Schnier einundzwanzig und Marie neunzehn Jahre alt. Marie war vorher mit Züpfner befreundet, der vor allem wegen seines Vaters, den die Nazis aus der Schule entfernt hatten, bekannt war. Züpfners Vater, der nach dem Krieg auch Hans Schnier unterrichtete, wird vom Ich-Erzähler wegen seiner politischen Standfestigkeit geschätzt, wogegen er den jungen Züpfner, Maries Freund, nicht mag. Mit Maries Vater hat Schnier ebenfalls Kontakt in jener Zeit gehabt – er versuchte Schnier Marx und Hegel zu erklären. Schnier hat die Schule in der Untersekunda, also ohne Abschluss, verlassen, hatte aber bereits während der Schulzeit sein pantomimisches Talent entdeckt. An einem Freitagabend, der alte Derkum ist im Kino, verschafft sich Schnier Zugang zur Wohnung, und Marie und er schlafen zum ersten Mal miteinander. Hans Schnier registriert die Armut, in der Marie und ihr Vater leben, und er schildert die Gewissensbisse Maries, die sich auf Grund ihres Glaubens Vorwürfe wegen ihrer geschlechtlichen Beziehung macht. Marie und Hans frühstücken gemeinsam, Hans hilft noch ein wenig in dem Laden, den Derkum betreibt (Zeitungen, Schreibwaren, Süßigkeiten), und macht sich auf den Weg nach Hause. Wir erfahren – im Kontrast zu Maries und ihres Vaters Wohnung – einige Einzelheiten über das Haus der Schniers (Tennisplatz, Park, Eichentäfelung, Musikzimmer). Hans Schnier beschreibt seinen Bruder Leo (siehe 61 f.), dem er mitteilt, dass er „bei einer Frau – meiner Frau" war (62). Als Leo den Namen des Mädchens erfährt, reagiert er entsetzt („Mein Gott", 63). Hans fährt seinen Bruder Leo mit dem Wagen der Mutter zur Schule, gibt ihm die Wagenschlüssel und macht sich auf den Weg zu Marie. Er trifft aber nur Maries Vater an; dieser teilt ihm mit, dass Marie nach Köln gefahren sei. Der alte Derkum, der längst weiß, was in der Nacht geschehen ist, weint, gibt Schnier, der sich nach Köln aufmachen will, aber Geld und Zigaretten und einen Zettel mit der Adresse Maries.

Kapitel 8 (70–84)

Schnier will mit seinem Bruder Leo telefonieren, der in einem Konvikt lebt und Theologie studiert. Leo hatte ihm seinen Entschluss, zu konvertieren (vom Protestantismus zur katholischen Kirche überzutreten) und Theologie zu studieren, brieflich mitgeteilt. Schnier bekommt aber nicht seinen Bruder ans Telefon, der gerade zu Mittag isst, sondern den Mönch, der Telefondienst hat. Es kommt zu einem Gespräch über Fragen der Religion und Erziehung. Schnier erinnert sich an Kaplan Behlen, den er vom Internat her kennt (vgl. 174) und der ihm und Marie beigestanden hat, als Marie eine Fehlgeburt erlitt. Schnier kommt dann auf den entscheidenden Konfliktpunkt mit Marie zu sprechen, die Frage des ehelichen Zusammenlebens. Marie erwartet von Schnier nicht nur die Ehe, sondern auch das Versprechen, gemeinsame Kinder im katholischen Glauben zu erziehen. Schnier gesteht ein, dass er in diesem Punkt Marie nie verstanden hat. Schnier kommt dann auf einen Abend in einem Hannoveraner Hotel zu sprechen, an dem es zu einem entscheidenden Streit kommt. Schnier hat inzwischen sein Einverständnis zur Ehe (standesamtlich und kirchlich) und zur katholischen Erziehung ihrer Kinder gegeben, Marie wirft ihm aber vor, die Auseinandersetzung darüber nicht wirklich führen zu wollen. Schnier glaubt, dass Marie unter dem Einfluss des „katholischen Kreises“ um Züpfner und

Sommerwild steht. Am anderen Morgen ist Marie gegangen. Er findet einen Zettel mit dem Hinweis vor: „Ich muss den Weg gehen, den ich gehen muss." (84) Noch am gleichen Tag schreibt Schnier ihr einen Brief an die Adresse Fredebeuls – doch dieser Brief bleibt, wie alle anderen folgenden, unbeantwortet.

Kapitel 9 (85–103)

Schnier telefoniert mit Frau Fredebeul, die distanziert reagiert, und erfährt, dass alle seine an Marie gerichteten Briefe ungeöffnet bei Fredebeuls liegen; Schnier bittet darum, ihm die Briefe zuzuschicken. Er ist enttäuscht über Frau Fredebeul, von der er eine andere Reaktion auf seinen Anruf erwartet hat. Schnier ruft Kinkel an, den Kopf des „katholischen Kreises" und Sozialpolitiker, dessen Broschüre „Wege zu einer neuen Ordnung" ihm einst gut gefallen hat (90). Schnier schildert zwischenzeitlich einige Abende im „Kreis", die durch unterschiedliche Peinlichkeiten und Auseinandersetzungen bestimmt waren; er stellt einige Mitglieder vor, so etwa von Severn, der Konvertit und SPD-Mitglied ist (93). Zunächst ist der Sohn Kinkels am Telefon; er erwähnt einen von Kostert verfassten Verriss über Schniers Auftritt in der „Stimme Bonns"; erst nach einer langen Weile und nach durch das Telefon zu vernehmenden Streitigkeiten kommt Kinkel selbst ans Telefon. Es kommt zu einer Auseinandersetzung über die Notwendigkeit der Ehe; Schnier besteht darauf, dass Marie auch ohne Trauschein und kirchliche Heirat seine Frau ist, Kinkel beharrt darauf, dass ohne Sakrament die Ehe nicht existent ist. Das Gespräch endet im Streit; Schnier wirft den Mitgliedern des „Kreises", die er als „ekelhafte Katholiken" (100) bezeichnet, vor, Marie vor ihm zu verstecken und sie ihm genommen zu haben (102), und behauptet, wenn Heribert Züpfner Marie geheiratet habe, sei das „Unzucht und Ehebruch" (101).

Kapitel 10 (103–113)

Der Ich-Erzähler erinnert sich an die Zeit mit Marie. Er erwähnt eine zweite Fehlgeburt, die sie gehabt hat, deutet Störungen in der Beziehung an (Marie geht häufig in die Kirche und ist gereizt). Schnier konstatiert, dass auch Marie ihn nicht wirklich ganz verstanden habe: „Ich glaube, es gibt niemanden auf der Welt, der einen Clown versteht (...)." (104). Ausführlich äußert sich Hans Schnier zu Fragen der Kultur: er geht gerne in Filme, die für Sechsjährige zugelassen sind, weil dort „von dem Erwachsenenkitsch mit Ehebruch und Ehescheidung nichts vorkommt" (105), sieht gerne „Hurenfilme" (105), und findet „Künstlerfilme" ganz besonders „peinlich" (106). Schnier kommt auch auf seine künstlerische Arbeit zu sprechen und erwähnt, dass seine Nummern zu sehr aus „Pantomime, Artistik, Clownerie" gemischt sind und dass er die Nummer zu oft wechselt (108). Er beschreibt einige seiner Nummern - alle haben das Ziel, möglichst wenig Requisiten einsetzen zu müssen (siehe 110), reflektiert über den Feierabend eines Künstlers und erwähnt seine große Begeisterung für das Mensch-ärgere-dich-nicht-Spielen, „wenn es über drei, vier Stunden lang dauert." (112) In Schnier kommen erneut Erinnerungen an Abende mit Marie hoch.

Kapitel 11 (114–128)

Schnier lässt sich Badewasser ein, dabei erwähnt er, dass er es sich nicht vorstellen könne, dass Züpfner und Marie „die Sache" tun (114). Er erwähnt Blothert, einen Politiker, ebenfalls Mitglied des „Kreises" und Gegenspieler von Kinkel. Er verwirft aber den Gedanken, Blothert anzurufen. Schnier denkt an Monika Silvs, äußert sich abfällig über Sommerwilds „Predigten". Schnier erhält einen Anruf von Zohnerer, seinem Agenten. Dieser rät ihm, ein halbes, besser ein ganzes Jahr Pause zu machen, um dann wieder in seinen Künstlerberuf einzusteigen und sich zwischenzeitlich von seinem Vater unterstützen zu lassen und sich eine Frau zu suchen, die ihn begleitet (122 f). Nach dem Ende des Gesprächs geht Schnier in die Badewanne und denkt erneut an Marie, die ihm manchmal aus dem Alten Testament vorgelesen hatte, wenn er in der Wanne lag (siehe 125). Seine Gedanken kreisen erneut um Züpfner und Marie, dann um seinen Vater, der Beteiligungen an allen möglichen Geschäftszweigen hat, und um die Geschichte seiner Familie. Erneut denkt er an Marie und erwähnt, dass er in der Badewanne anfangen muss zu weinen.

Kapitel 12 (128–135)

Schnier erinnert sich an eine Begebenheit in Osnabrück. Wegen eines relativ nichtigen Anlasses kommt es zu einem ernsten Konflikt zwischen Schnier und Marie: Marie wirft ihm vor zu lügen. Marie und Schnier können nicht miteinander schlafen, weil Marie krank ist („Sie hatte keine regelrechte Fehlgeburt gehabt, aber irgend etwas dieser Art.", 129). Am Mittag des Folgetages fährt Marie allein nach Bonn zum „Kreis", in Frankfurt wollen sie sich zwei Tage später treffen. Am Nachmittag erscheint die Sittenpolizei in Schniers Hotelzimmer, weil irgendjemand ihr einen Hinweis auf „abortive (...) Erkrankungen" (134) gegeben hat (= Verdacht des Anfang der 60er Jahre noch illegalen und damit strafbaren Schwangerschaftsabbruchs). In Frankfurt angekommen, ruft Schnier Marie an. Diese macht sich sofort auf dem Weg zu ihm.

Kapitel 13 (136–147)

Schnier erhält einen Anruf von Prälat Sommerwild. Schnier droht, ihn und Heribert Züpfner umzubringen, wenn Marie nicht zu ihm zurückkommt. Sommerwild weist darauf hin, dass Marie Derkum nicht Schniers Frau gewesen ist und dass Züpfner sie ihm nicht weggenommen hat (137). Es kommt zu einer Auseinandersetzung über Fragen der Ehe, einige theologische Auffassungen, Sommerwilds Predigten und eheliche bzw. außereheliche Sexualität. Sommerwild wirft Schnier vor, ihm fehle die „geringste Vorstellung von „*Recht* und *Gesetz*" (142, Kursivsetzung im Original). Schließlich erfährt Hans Schnier von Sommerwild, dass Marie und Züpfner auf Hochzeitsreise in Rom sind. Daraufhin legt Schnier den Telefonhörer auf. Er erinnert sich daran, dass Marie mit ihm nicht nach Rom hat fahren wollen, weil Marie es „irgendwie pervers" gefunden habe, dass ein „Agnostiker" wie er dem „Heiligen Vater zujubeln möchte" (144). Schnier äußerst sich ausgiebig und abfällig über Katholiken im Allgemeinen und Züpfner im Besonderen und hat dann die Vorstellung, Marie und Züpfner könnten eine Audienz beim Papst haben.

Kapitel 14 (147–150)

Schnier knüpft an seine Vision von Maries und Züpfners Papstaudienz an und stellt sich nun das Eheleben der beiden vor. In die Spießigkeit und die Stille, die sich Schnier von Züpfners und Maries Leben ausmalt, dringen in seiner Vision Stimmen, die Marie Betrug, Ehebruch und Abtreibung vorwerfen. Schniers Vision endet mit der an Marie gerichteten Aufforderung: „(...) denk an den Clown, der in der Badewanne weint, dem der Kaffee auf die Pantoffeln tropft." (150)

Kapitel 15 (150–192)

Überraschend bekommt Schnier von seinem fast siebzigjährigen Vater Besuch. Zunächst herrscht Verlegenheit zwischen den beiden vor. Schnier beschreibt seinen Vater und nennt als einen entscheidenden Wesenszug seine Güte. Schniers Vater ist irritiert über die Verwahrlosung seines Sohnes, äußert dies jedoch mit ironischen Untertönen, kann aber schließlich seinen Ekel, als er dem schmatzenden und viel zu hastig essenden Schnier zusieht, kaum überspielen (156). Mühsam kommt ein Gespräch in Gang; Schniers Vater offenbart ihm, dass er gekommen sei, um mit seinem Sohn über Geld zu reden. Schnier weist darauf hin, dass er wegen seiner körperlichen Verletzung (Knie) und seiner Herzschmerzen (Marie) ein Jahr nicht wird auftreten können; der Vater empfiehlt ihm, sich mit dem Verlust Maries abzufinden. Zugleich rät ihm der Vater, auf das Urteil des gemeinsamen Bekannten und Theaterkritikers Genneholm verweisend, über den sich Schnier allerdings abfällig äußert, sich ganz der Pantomime zuzuwenden. Er bietet seinem Sohn an, ihm eine Pantomimenausbildung zu finanzieren („Ich zahl dir das Studium, egal, wo du hingehen willst. London, Paris, Brüssel. Das Beste ist gerade gut genug.", 167). Hans Schnier lehnt den Vorschlag seines Vaters ab, weist darauf hin, dass er völlig mittellos ist, nicht aber vorhat, die Familie zu belästigen oder zu kompromittieren (siehe 168). Er bittet seinen Vater, ihm eine Gummimatte für das Training zu besorgen und ihn im Monat mit tausend Mark zu unterstützen, was seinen Vater hinsichtlich der Höhe erschreckt (169). Diese Reaktion führt dazu, dass sich Schnier an das Verhalten seiner Eltern erinnert, als er mit Marie von Bonn weggegangen ist und in einer Pension in Köln-Ehrenfeld gewohnt hat. Unterstützt worden sind sie von Schniers Eltern nicht. Mit positiven Erinnerungen denkt Schnier an Kaplan Behlen, der ihm und Marie damals ein fürsorglicher Helfer war und ihm im Pfarrsaal eine Trainingsmöglichkeit verschafft hat, was ihm sogar Konflikte mit seinem Pfarrer eingebracht hat. (siehe 173) Seine Erinnerungen fasst Schnier in den Worten zusammen: „Ich dachte an all die Menschen, die uns geholfen hatten, während sie zu Hause (=die Eltern, B. M.) auf ihren Scheißmillionen herumhockten, mich verstoßen hatten und ihre moralischen Gründe genossen." (174) Der Vater konfrontiert Schnier mit der Entscheidung, ihn monatlich mit zweihundert Mark zu unterstützen, wenn er den Vorschlag der Pantomimen-Ausbildung nicht annehmen wolle. Schnier lehnt es ab, weiter über Geld zu reden, und spricht über Erinnerung an seine Kindheit, die – trotz des Reichtums – durch zu wenig Essen und den „Schlankheitsfimmel" der Mutter gekennzeichnet gewesen sei (181). Als sein Vater anfängt zu weinen, geht Schnier ins Bad und in die Küche und nimmt sich vor, Heinrich Behlen und Karl Emonds anzurufen. Als Schnier in das Wohnzimmer zurückkehrt, weint der Vater nicht mehr. Der Vater macht sich bereit zu gehen; Schnier dankt seinem Vater dafür, dass er während der NS-Zeit Frau Wieneken, die Mutter von Hans' Freund, das Leben gerettet hat, merkt aber, dass sein Vater nicht an den Tod Henriettes erinnert werden will. Schnier fragt sich, warum sein gütiger Vater so hart geworden sei, gibt ihm den Weg in den Hausflur frei und bringt ihn zum Aufzug, wo sie sich umarmen.

Kapitel 16 (192–201)

Schnier ruft Bela Brosen an, die Opernsängerin und Geliebte seines Vaters. Ihre Alt-Stimme empfindet er als „warm und lieb" (193). Bela Brosen fordert ihn auf, die Kritiken nicht zu ernst zu nehmen. Schnier erwähnt das Gespräch mit seinem Vater und die Geldnöte, in denen er steckt. Er bittet sie, falls ein Gespräch auf ihn kommen sollte, den Vater auf seine finanzielle Klemme hin anzusprechen. Bela Brosen beginnt zu weinen und teilt Hans Schnier mit, dass die Familie in Gesprächen zwischen ihr und seinem Vater tabu sei, bietet ihm aber eine kleine Summe an, die sie auf Nachfrage mit zehn bis dreißig Mark beziffert. Hans Schnier bricht das Telefongespräch ab, verdächtigt Bela Brosen, das Geld, das sie von seinem Vater zur Unterstützung Not leidender Kollegen erhält, in die eigene Tasche zu stecken. Schnier nimmt die letzte Mark, die ihm noch verblieben ist, und wirft das Geldstück aus dem Fenster, bereut diese Tat aber zugleich wieder (197). Hans Schnier stellt sich eine Audienz beim Papst vor, um mit ihm über seine „Ehe" mit Marie zu sprechen, ihm ein paar Pantomimennummern vorzuführen und ihm von seiner Kritik an „'führende(n)' deutsche(n) Katholiken" zu berichten (198). Erinnerungen an seine Kindheit, an Auseinandersetzungen mit seinem Bruder Leo und Gedanken an die Schwester Henriette kommen in Hans Schnier hoch.

Kapitel 17 (201–210)

Schnier äußert sich über seine körperlichen Schmerzen (Knieverletzung) und sein „fleischliches Verlangen", das er – als monogamer Mann – nur mit Marie befriedigen könne. Schnier liest die Abendzeitung, die er sich am Bahnhof gekauft hat. Er wird gewahr, dass Dr. Herbert Kalick, der ihn während der Jungvolkzeit (Jugendorganisation der Nazis) einmal wegen Defätismus (vgl. 26) angezeigt hat, das Bundesverdienstkreuz „wegen seiner Verdienste um die Verbreitung des demokratischen Gedankens in der Jugend" (202) bekommen soll. Schnier erinnert sich an einen Vorfall mit Kalick von vor zwei Jahren, als er diesen wegen seiner Heuchelei ins Gesicht geschlagen hat. Schnier überlegt, Kalick anzurufen, entscheidet sich dann aber doch anders. Seine Gedanken kreisen um den *Jour fixe*, der bei seinen Eltern stattfindet und an dem sich neben allen möglichen Leuten auch Kalick regelmäßig einfindet. Schnier nimmt sich vor, Kalick bei einer solchen Gelegenheit öffentlich zu ohrfeigen (208).

Kapitel 18 (210–216)

Schnier ruft ein zweites Mal im Konvikt an, um seinen Bruder Leo zu sprechen. Wieder hat er nur den Mönch am Apparat, mit dem er beim ersten Telefonat ins Gespräch gekommen ist. Es kommt zu einem Gedankenaustausch über Essensvorlieben und Philosophie, das 19. Jahrhundert und die Kirche, von der der Mönch sagt, sie stinke vor Geld wie der „Leichnam eines reichen Mannes" (212). Der Mönch sagt, er sei in Ungnade gefallen, weist Schnier auf eine Stelle bei Jesaja bzw. im *Römerbrief* hin (das dem Roman vorangestellte Motto, B. M.) und verspricht Schnier, seinem Bruder Leo mitzuteilen, dass Schnier Geld benötige. Nach Abschluss des Gesprächs kommen in Schnier Erinnerungen an jenen Abend in Köln hoch, an dem Marie ihre erste Fehlgeburt erlitt. Im Krankenhaus hatte er Kaplan Heinrich Behlen am Krankenbett sitzend vorgefunden, der Marie zu erklären versuchte, was mit der Seele des ungeborenen Kindes geschähe. Marie war der Auffassung gewesen, das Kind käme in eine Art Vorhölle. Schnier erklärt, dass er in dieser Nacht zum ersten Mal erfahren habe, „welche scheußlichen Sachen die Katholiken im Religionsunterricht lernen." (214) Die Hilflosigkeit des Kaplans angesichts der Ängste Maries findet Schnier „tröstlich" (ebd.).

Kapitel 19 (217–228)

Schnier ruft Monika Silvs an und bittet sie, zu ihm zu kommen, was Monika Silvs aber wegen eines Besuchs, den sie erwartet, ablehnt. Daraufhin bittet Schnier sie, ihm die Mazurka in B-Dur Opus 7 von Chopin vorzuspielen. Silvs verspricht ihm, schnell zu üben und ihn dann wieder anzurufen. Schniers Gedanken kreisen wieder um Marie und ihre Flitterwochen, er stellt sich ihr weiteres Zusammenleben mit Heribert Züpfner und einer Tochter namens Marie vor. Aus seinen Gedanken wird er durch einen Anruf Monika Silvs' gerissen, die ihm nun über das Telefon die Mazurka von Chopin vorspielt. Schnier fängt an, „vor Elend zu weinen." (226) Seine Emotionen haben ihren Grund in der Tatsache, dass sein Bruder Leo genau dieses Musikstück gespielt hat, als Schnier von seiner ersten gemeinsamen Nacht mit Marie nach Hause gekommen ist. Schnier nennt Monika Silvs, die auch weint, den Grund für sein Weinen nicht; sie sagt ihm, dass sie für vierzehn Tage zu Exerzitien fahre, verspricht ihm aber, einmal zu ihm zu kommen.

Kapitel 20 (228–233)

Schnier fühlt sich völlig elend. Er erhält einen Anruf von Sabine Emonds, die nicht zum „Kreis" gehört; Schnier schildert Sabine Emonds seine verzweifelte Situation; sie tröstet ihn und weist ihn darauf hin, dass bei ihnen immer „ein Töpfchen Suppe" für ihn auf dem Herd stehe (231). Als er sagt, er würde bei ihren Bekannten gern gegen Geld auf die Kinder aufpassen, reagiert Sabine Emonds mit Erschütterung, weil ihr seine Lage bewusst wird. Schnier ergänzt, dass Marie ihn verlassen habe, sie fordert ihn auf, unbedingt vorbeizukommen. Sie unterbrechen ihr Gespräch, weil ein Mann in die Telefonzelle drängt.

Kapitel 21 (23–235)

Hans Schnier wird sich endgültig seiner finanziellen Lage und der Tatsache bewusst, dass er im Grunde nur Karl Emonds um Geld bitten kann, was er aber nicht tun will, da Karl selbst Geldprobleme hat.

Kapitel 22 (236–246)

Schnier überdenkt die Möglichkeiten, die ihm in seiner Situation noch bleiben. Er erwägt, zu den Kommunisten zu gehen, erinnert sich dann aber an ein Treffen mit „Kulturfritzen" in der DDR (237), bei dem er zur Einsicht gekommen ist, dass der Kommunismus für ihn keine Alternative darstellt. Schnier steigert sich in die Vorstellung hinein, Marie avanciere zur „First Lady des deutschen Katholizismus" (241). Schnier konstatiert, dass er Marie im Grunde für den Katholizismus gerettet und sich diesem gegenüber immer fair verhalten habe. Gleichwohl habe Marie von ihm verlangt, diesen „verfluchten Zettel" zu unterschreiben, dass er „die Kinder katholisch erziehen lassen würde." (243). Schnier macht sich Gedanken über die Erziehung von Kindern und blickt auf seine eigene Kindheit zurück, in der er oft anders als andere Kinder behandelt worden sei, weil er von „den Braunkohlenschniers abstamme". (245)

Kapitel 23 (246–261)

Schnier überlegt, ob er sich der evangelischen Kirche zuwenden soll, verwirft den Gedanken aber schnell wieder. Erneut denkt er an Marie. Ihm wird die Leere in der Wohnung bewusst, denn sowohl im Badezimmer, wo er sich schließlich weiß schminkt, als auch im Schlafzimmerschrank fehlen Maries Sachen („Der aufgeräumte, saubere Schrank (...) war das Schlimmste, was sie mir hinterlassen konnte, ordentlich, getrennt, ihre Sachen von meinen geschieden.", 253) Der Anblick des leeren Schrankes weckt Erinnerungen an jenen Tag, als die Nachricht vom Tod der Schwester eingetroffen ist; Hans Schnier hat damals seiner Mutter den Suppenlöffel aus der Hand geschlagen, so dass sie sich Verbrennungen zugezogen hat, und Sachen Henriettes in den Garten geworfen und angezündet. Schnier überdenkt seine Situation und sieht sich vor dem Bahnhof mit einer Gitarre sitzen, denkt daran, sich eine Straßensängerlizenz zu besorgen. Hans Schnier denkt über seine Beerdigung in der Familiengruft nach. Er nimmt seine Gitarre und freundet sich mit dem Gedanken an, mit einem Hut neben sich am Bahnhof zu sitzen, zu musizieren und auf den Zug zu warten, mit dem Marie aus Rom ankommen würde.

Kapitel 24 (262–268)

Ein Anruf von Leo erreicht Hans Schnier. Leo teilt ihm mit, dass er ihm sechs Mark und siebzig Pfennige geben, aber nicht zu Besuch kommen könne. Hans Schnier will von Leo die Adresse von Heinrich Behlen erfahren. Leo erwidert, dass Behlen nicht mehr Priester sei, sondern mit einem Mädchen unterwegs und „seit Monaten spurlos verschwunden" sei (265). Leo sagt seinem Bruder, dass er auch Edgar Wieneken nicht erreichen könne, weil dieser mit einer Kommission auf einer Studienreise im Ausland sei. Nachdem Schnier erfahren hat, dass Leo Kontakt zu Züpfner und Marie hat, beendet er das Gespräch mit dem Hinweis, Leo brauche auch am morgigen Tag nicht zu kommen und er möge den Mönch grüßen, mit dem er zweimal telefoniert hat, woraufhin Leo ihm mittelt, dass dieser von keinem ernst genommen werde. Auf die Frage Leos, was Hans für ein Mensch sei, antwortet dieser: „Ich bin ein Clown (...) und sammle Augenblicke." (268)

Kapitel 25 (268–275)

Hans Schnier erinnert sich daran, dass sein Vater einmal Frau Wieneken und zwei andere Frauen, denen Spionage und Sabotage vorgeworfen worden war, vor der Erschießung durch einen Wehrmachtsoffizier gerettet hat. Schniers Mutter war dieser Vorfall peinlich. Schnier entscheidet sich, sich für einen Auftritt am Bahnhof fertig zu machen. Er kleidet sich um, denkt an alle, mit denen er telefoniert hat und an ihre möglichen Reaktionen auf seine Anwesenheit am Bahnhof. Gegen halb zehn macht er sich auf den Weg. Als er auf der Straße ist, merkt er, dass Karnevalszeit ist, und kommentiert dies mit den Worten: „Nirgendwo ist ein Professioneller besser versteckt als unter Amateuren." (275) Schnier setzt sich auf die Bahnhofstreppe („dritte Stufe von unten"), legt seinen Hut auf die Erde mit der einzigen Zigarette darin, die ihm noch verblieben ist, und fängt an zu singen. Als die erste Münze in seinen Hut geworfen wird, erschrickt er, singt dann aber weiter.

2.3 Aufbau

Der Roman *Ansichten eines Clowns* ist in 25 unterschiedlich lange Kapitel eingeteilt, wobei es einige sehr kurze Kapitel gibt (das 3. Kapitel umfasst drei Seiten) und einige Kapitel einen recht großen Umfang haben, so etwa das 15. Kapitel mit mehr als vierzig Seiten. Die einzelnen Kapitel sind durch die Hauptfigur, den Ich-Erzähler Hans Schnier, verbunden, stehen ansonsten aber übergangslos nebeneinander. Das erste und das letzte Kapitel bilden insofern einen Rahmen, als beide am Bonner Bahnhof spielen, wo der Protagonist im 1. Kapitel mit dem Zug eintrifft und wohin er sich im letzten Kapitel wieder begibt, um dort auf den Treppen als musizierender Bettler und Clown um ein paar Groschen zu bitten. Die erzählte Zeit zwischen der Ankunft Hans Schniers in Bonn und dem Aufsuchen des Bahnhofs umgreift etwa vier Stunden. Er kommt am Abend in Bonn an und bricht gegen halb zehn zum Bahnhof auf (siehe 7 und 274). Diese vier Stunden verbringt Hans Schnier ausschließlich in seiner Bonner Wohnung. Von hier aus führt er etliche Telefongespräche, hier besucht ihn auch sein Vater. Auf einer Zeitebene, die aus Erinnerungen und Reflexionen Hans Schniers besteht, greift der Roman bis in die Kindheit des Erzählers zurück und spielt an verschiedenen Schauplätzen. Die beiden Ebenen (Gegenwart/Vergangenheit) sind in den Kapiteln (teilweise) übergangslos miteinander verbunden. Handlungen in der Gegenwart (der Abend in der Bonner Wohnung), Erinnerungen, Reflexionen und auch Visionen Hans Schniers werden in ständigem Wechsel präsentiert. Der Ich-Erzähler organisiert den Erzählprozess

Erzählebenen/Zeit

Organisation des Erzählprozesses durch den Erzähler

nicht nur in seiner Abfolge, sondern auch in der Auswahl des Präsentierten. Auf der Ebene der Erinnerungen wird keine Chronologie eingehalten; die Präsentation der Erinnerungselemente folgt nicht einer linearen Sukzession in chronologischer Anordnung, sondern den Assoziationen und Auswahlentscheidungen des Ich-Erzählers. So erfahren wir von seiner ersten Nacht mit Marie im 7. Kapitel, vom Tod seiner Schwester Henriette (Februar 1945) bereits im 4. Kapitel. Alle Ereignisse und Personen sehen wir ausschließlich aus der Perspektive des Erzählers. Von daher hat der Titel seine Berechtigung: wir erfahren die Ansichten des Clowns Hans Schnier. Der Clown ist somit das Subjekt der Ansichten. Bei C. A. M. Noble heißt es dazu:

Zum Titel

> *„Vor allem sind es aber Ansichten in dem Sinne, dass die epische Allwissenheit des Erzählers aufgehoben ist: Die Ereignisse erscheinen nicht mehr in ihrem objektiven zeitlichen Ablauf als überschaubare Vergangenheit, sondern in der unmittelbaren Vergegenwärtigung eines subjektiven Bewusstseinsstroms. Die Erinnerungen dieses (...) Ich-Monologs erscheinen im Spiegel und als Spiegel des inneren Bewusstseins, nicht als objektive ‚Wahrheiten', sondern in dauernder subjektiver Sicht."*[19]

Hans Schnier ist aber zugleich auch Objekt der Ansichten – auch diese Lesart ermöglicht der Titel. Denn der Leser bekommt einen Einblick in das Leben und Seelenleben der Hauptfigur: Wir sehen sie uns von außen an, beurteilen sie.[20] Der Titel hat aber noch eine weitere Dimension, insofern er etwas eigentlich Selbstverständliches explizit formuliert, nämlich dass es nicht die Ansichten Heinrich Bölls, des Autors,

---

19 C. A. M. Noble: *Die Ansichten eines Clowns und ihre Stellung in Bölls epischer Entwicklung*, in: Jurgensen (Hrsg.), S. 156.

20 Vgl. auch Blamberger, S. 208.

sind, die wir hier erfahren – unabhängig davon, ob die von Hans Schnier geäußerte Kritik an der damaligen Gesellschaft und der katholischen Kirche zu großen Teilen deckungsgleich mit den Ansichten Bölls ist, ob also Hans Schnier als eine Art Rollensprecher zu sehen ist. Auf diesen Unterschied zwischen literarischer Figur und Autor hinzuweisen, hat sich Heinrich Böll genötigt gesehen, wenn er im „Nachwort" vom „dümmsten aller Fehler" spricht, nämlich dem, „Autor und ‚Held' *total* zu identifizieren." (278, Kursivsetzung im Original)

2.3.1 Anordnung der Kapitel in thematischen Gruppen

In der begleitenden Fachliteratur gibt es verschiedene Ansätze, die Kapitel des Romans in größeren Gruppen zusammenzufassen, wobei es durchaus zu Überschneidungen und Parallelen in den Modellen kommt. Karl-Heinz Götze sieht im 1. Kapitel eine Art „Exposition", weil hier Hauptfigur und Problematik sowie einige Handlungsvoraussetzungen erwähnt werden. Die Kapitel 2–8 stellen nach Götze die Hauptbezugsgruppen vor (Eltern, Kreis fortschrittlicher Katholiken, Marie), die Kapitel 9–14 zeigen, so Götze, Schnier beim Versuch, wieder Kontakt zu Marie aufzunehmen, wogegen die Kapitel 15–21 in Götzes Modell der Geldbeschaffung gewidmet sind. In den Kapiteln 22–25 geht es dann um die Frage der Selbstaufgabe und die Suche nach einem neuen Lebensweg. Götze betont die besondere Bedeutung des 13. und 15. Kapitels (Telefonat mit Sommerwild, Gespräch mit dem Vater) und verweist darauf, dass diese festen „Strukturen auf der Ebene der Fabel" immer wieder „verwischt" werden, so etwa dadurch, dass Schnier erst im 19. Kapitel gefühlsmäßig

Gruppierung der Kapitel: erstes Modell

begreift, was bereits im 13. Kapitel klar ist, nämlich dass er Marie verloren hat.[21]

Gruppierung der Kapitel: zweites Modell

Eine an Götze angelehnte Einteilung der Kapitel nimmt auch Christiane Rogler vor, wobei die Kapitelgruppen lediglich eine andere „Betitelung" erhalten: Kapitel 1 „Der Clown stellt sich vor", Kapitel 2–8 „Der Clown stellt sein Umfeld vor", Kapitel 9–14 „Der Clown versucht, über den Kreis Kontakt mit Marie aufzunehmen", Kapitel 15–21 „Der mittellose Clown wird mit der Macht des Geldes konfrontiert", Kapitel 22–24 „Der Clown wägt Lebensalternativen ab: Die Suche nach einer institutionellen Heimat", Kapitel 25 „Der Clown bricht zum Bahnhof auf".[22]

Gruppierung der Kapitel: drittes Modell

Folgt man der Überlegung Götzes, beim ersten Kapitel handele es sich um eine Exposition, so kann man auf die Idee kommen, die Romankapitel analog zu einem klassischen fünfaktigen Drama anzuordnen. Wobei es sich dann um ein analytisches Drama handelt, denn die Katastrophe hat sich eigentlich bereits vor Beginn der Erzählhandlung ereignet (Ereignisse in der Kindheit, z. B. der Tod Henriettes und der Bruch mit den Eltern, sowie die Trennung von Marie). Auch das Ende des Protagonisten steht eigentlich zu Beginn schon fest, insofern als sein „Fall" in doppelter Weise angekündigt wird: einmal nimmt sein Sturz, sein „Fall" beim Auftritt in Bochum, seinen „gesellschaftlichen Fall" bereits symbolisch vorweg, andererseits spricht Hans Schnier selbst diesen Fall bereits im 1. Kapitel an, wenn er vorausdeutend sagt: „Ich lag auf dem Bett in einem Zustand, den ich mir manchmal für das Ende meiner Tage erhoffe: betrunken und wie in der Gosse."

21 Siehe Götze, S. 27 f.
22 Siehe Rogler, S. 8 ff.

(11) Ähnlich wie analytische Dramen ist auch Bölls Roman recht handlungsarm, gibt aber Milieuschilderungen und Figurencharakteristiken breiten Raum. Folgt man der bisherigen Überlegung, so kann man die Kapitel 1–8 als Exposition bezeichnen, weil sie wesentliche Elemente der Vorgeschichte in den Roman holen (z. B. im 7. Kapitel die erste Nacht mit Marie, im 4. Kapitel der Tod Henriettes) und die entscheidenden Figuren einführen („Kreis", Eltern, Marie). Die Kapitel 9–12 stellen dann die „steigende Handlung" dar. Hier versucht Schnier, Kontakte herzustellen, die es ihm ermöglichen sollen, Marie zurückzugewinnen. Die Kapitel 13–15 entsprechen in gewisser Weise dem III. Akt eines Dramas. Hier liegen Höhe- und Wendepunkt, und zwar insofern, als im 13. Kapitel (Gespräch mit Sommerwild) der endgültige Verlust Maries deutlich wird und im 15. Kapitel (Gespräch mit dem Vater) sich der irreparable Bruch mit der Familie und die finanzielle Krise Schniers in aller Deutlichkeit offenbaren. Die Folgekapitel entsprechen der „fallenden Handlung" eines vierten Aktes: Immer deutlicher wird, dass Hans Schnier von keiner Seite (finanzielle) Hilfe zu erwarten hat (Kapitel 16–21). Die Kapitel 22–25 zeigen Schnier an seinem Endpunkt; alle Alternativen, die er durchdenkt, verwirft er wieder; das Gespräch mit seinem Bruder Leo zerstört jegliche Hoffnung (Kap. 24). Im 25. Kapitel tut er den Schritt, der seinen „Fall" endgültig offensichtlich macht; er vollzieht das praktisch nach, was im Grunde schon vor Einsetzen der Romanhandlung entschieden ist. Die Kapitel 13 und 15 können als „Schlüsselkapitel" bezeichnet werden.[23] Das 13. Kapitel ist in der Mitte des Romans angelegt; 12 Kapitel gehen voraus, weitere 12 Kapitel folgen. Neben dieser Positi-

Die Kapitel 13 bis 15 im Zentrum des Romans

Das 13. Kapitel

23 Götze, S. 27.

on im Aufbau des Romans ist die Bedeutung des Kapitels aber auch inhaltlich zu bestimmen. Mit Sommerwild hat Schnier einen Gesprächspartner am Telefon, der in Anschauungsfragen sozusagen den Gegenpol zu Schnier bildet und den er wesentlich dafür verantwortlich macht, dass Marie ihn verlassen hat. Mit ihm führt Schnier am Telefon eine Debatte über Sexualmoral, von ihm erfährt er, dass Marie mit Züpfner auf Hochzeitsreise ist. Nach dem Gespräch reagiert Schnier mit körperlicher und seelischer Übelkeit, weil er sich vorstellt, wie Züpfner in einem römischen Hotel Marie beim Ankleiden zusieht und wie Züpfner und sie vom Papst empfangen werden (146). Das 15. Kapitel weist ebenfalls einige Besonderheiten auf, die seine wichtige Funktion verdeutlichen. Mit mehr als vierzig Seiten Umfang ist es das längste Kapitel im Roman überhaupt; es ist das einzige Kapitel, in dem Schnier – auf der Ebene der Gegenwartshandlung – mit einem direkten Gegenüber kommuniziert und nicht nur telefonischen Kontakt hat. Zugleich wird Schnier am Ende des Gesprächs mit seinem Vater zweierlei bewusst: Auch von seinem Vater, den er ausdrücklich als „gütig" bezeichnet, ist keine finanzielle Hilfe zu erwarten, und eine Rückkehr in den „Schoß der Familie" ist ausgeschlossen (was sich an scheinbar lapidaren Formulierungen festmachen lässt wie: „Ich gab meinem Vater den Weg frei", 191, was aber auch an der Symbolik des Aufzugs deutlich wird, wenn es über den Vater heißt: „Er löste sich von mir, stieg in den Aufzug (...)", 192). Nach dem Gespräch mit dem Vater werden auch alle Hoffnungen Schniers, an Geld zu kommen, zerstört: Alle Gesprächspartner (Bela Brosen, Monika Silvs, Sabine Emonds, Leo) können (oder wollen) seine finanzielle Not nicht lindern. Die letzte Mark, die ihm noch verblieben ist, wirft Schnier nach dem Gespräch mit Bela

Das 15. Kapitel

Brosen aus dem Fenster (197). Sein Weg in die Gosse ist unaufhaltsam.

2.3.2 Ort und Zeit

Handlungsort auf der Ebene der Erzählergegenwart ist Schniers Wohnung in Bonn, die er von einem Großvater geschenkt bekommen hat (16), in der er aber nur wenige Woche im Jahr verbringt (bzw. bisher verbracht hat) und die ihm „fremder (ist) als jedes Hotel" (15). Das Appartement liegt im fünften Stock eines Hauses der Poststraße, nur zwei Minuten zu Fuß vom Bahnhof entfernt. Die Balkonverkleidungen in diesem Stockwerk sind rostfarben, ebenso die Ausstattung der Wohnung selbst: „Alles rostfarben in meiner Wohnung: Türen, Verkleidungen, eingebaute Schränke." (16) Vertrauter als seine eigene Wohnung sind Hans Schnier Bahnhöfe und Hotels; in Hotels hat er mit Marie während der letzten Jahre und bei seinen Gastspielen etliche Stunden zugebracht; die Fahrt vom Bahnhof mit dem Taxi zum Hotel und vom Hotel zum Auftrittsort sind ihm zur Gewohnheit geworden. Aus Bochum kommend, steigt er im Bonner Bahnhof aus (1. Kapitel), zum Bonner Bahnhof geht er, um dort in der Maske des Clowns zu betteln (25. Kapitel). Hotels und Bahnhöfe sind nicht nur Handlungsorte, sondern auch Symbolräume. Hans Schnier, die Künstlerexistenz, ist ein Reisender; nirgendwo, wo er hinkommt, lässt er sich dauerhaft nieder, sondern er ist immer nur auf der Durchreise. Dieses berufsbedingte Reisen spiegelt aber zugleich einen Grundzug seiner Existenz wieder: Er hat noch keinen wirklichen Ort im Leben gefunden, wo er zu Hause ist – erst recht

Die Wohnung des Clowns

Hotels und Bahnhöfe

nicht nach dem Verlust Maries. Die Rastlosigkeit seiner Ortswechsel symbolisiert aber zugleich einen Aspekt des (modernen) Lebens überhaupt: Wir sind Reisende auf dieser Welt, unser Leben ist ein Leben im Transit, die Bahnhöfe (heute natürlich auch die Flughäfen) sind Kathedralen der Moderne, die wir als Durchreisende aufsuchen. Daneben haben Hotels und v. a. Bahnhöfe aber auch noch eine Bedeutung im Werk Heinrich Bölls überhaupt. Mehrere der Kurzgeschichten aus der Sammlung *Wanderer, kommst du nach Spa...* spielen in bzw. auf einem Bahnhof; Bölls erster veröffentlichter Text trägt den Titel *Der Zug war pünktlich*; in der Erzählung *Das Brot der frühen Jahre* holt die Figur Fendrich ein junges Mädchen am Bahnhof ab; Bogner aus *Und sagte kein einziges Wort* verbringt die Nächte in Wartesälen. Auf den Bahnhof als Schauplatz bei Heinrich Böll hat Henri Plard aufmerksam gemacht, der über die Rolle von Bahnhöfen in Bölls epischen Texten schreibt: „Der Bahnhof, der Zug, die Reise nehmen in (Bölls) Werk einen Platz ein, ähnlich der Büros bei Kafka."[24]
Schniers Appartement liegt in Bonn, der damaligen Bundeshauptstadt, über die sich Hans Schnier milde-spöttisch, aber zugleich durchaus liebevoll äußert, wenn er sagt:

> *„Es ist mir immer unverständlich gewesen, warum jedermann, der für intelligent gehalten werden möchte, sich bemüht, diesen Pflichthass auf Bonn auszudrücken. Bonn hat immer gewisse Reize gehabt, schläfrige Reize, so wie es Frauen gibt, von denen ich mir vorstellen kann, dass ihre Schläfrigkeit Reize hat. Bonn verträgt natürlich keine Übertreibung, und man hat diese Stadt übertrieben. Eine Stadt, die keine Übertreibung verträgt, kann man nicht darstellen: immerhin eine seltene Eigenschaft. Es weiß ja auch jedes Kind, dass das Bonner Klima ein Rentner-*

24 Henri Plard: *Mut und Bescheidenheit – Krieg und Nachkrieg im Werk Heinrich Bölls*, in: Lengning, S. 51.

klima ist, es bestehen da Beziehungen zwischen Luft- und Blutdruck. Was Bonn überhaupt nicht steht, ist diese defensive Gereiztheit (...). Sie lächeln alle so verquält ironisch über Bonn. Ich verstehe dieses Getue nicht. (...) Die Stadt ist wirklich hübsch: das Münster, die Dächer des ehemaligen kurfürstlichen Schlosses, das Beethovendenkmal, der kleine Markt und der Hofgarten. Bonns Schicksal ist es, dass man ihm sein Schicksal nicht glaubt. Ich atmete in vollen Zügen oben auf meinem Balkon die Bonner Luft, die mir überraschenderweise wohl tat: Als Luftveränderung kann Bonn für Stunden Wunder wirken." (71 f.)

Bonn als Handlungsort

Dass Bölls Roman nicht in seiner Heimatstadt Köln, der Metropole, sondern in Bonn spielt, der Stadt, die im Schatten der Nachbarin Köln und ihres großen Doms liegt und der (übrigens noch bis zum Umzug der Bundesregierung und des Parlaments nach Berlin) immer etwas Provisorisches und Provinzielles anhaftet, hat natürlich damit etwas zu tun, dass das eher beschauliche Städtchen durch seine Funktion als Bundeshauptstadt zwangläufig mit der „großen Politik" konfrontiert war und in den Rang eines politischen Zentrums (Sitz von Bundestag und Bundesrat sowie aller Botschaften) gehoben wurde. „Der Ort der Handlung deutet eine Disproportionalität an zwischen Größe und Anspruch, Provinzialität und Sucht nach weltweitem Einfluss, katholischer Krähwinkelei und nationaler Repräsentanz, die auf weitere Disproportionalitäten hinweist."[25]
Auf der Ebene der Gegenwartshandlung verlässt Hans Schnier seine Wohnung und Bonn nicht; auf der Ebene der Erinnerungen tauchen andere bundesrepublikanische Städte (Hannover, Osnabrück, Frankfurt, Bochum etc.) und Erfurt (damals noch DDR) auf, Orte, die aber nur als Auftrittsorte und Stationen von Tourneen, verknüpft mit Ereignissen um Marie, von Be-

25 Götze, S. 23.

deutung sind. Auch in diesen Städten pendelt Hans Schnier zwischen Hotels, Bahnhöfen und Kulturräumen, in denen er seine Künste zeigt. Letztlich aber sind diese Orte immer „anonym und austauschbar (...), weil sie nicht Orte sozialer Gebundenheit sind, praktizierter Humanität und Nachbarschaft, sondern höchstens Orte von Interessensverbänden (...)."[26] In seinen Visionen und Reflexionen schweift Hans Schniers Blick nach Rom, dem Ziel von Züpfners und Maries Hochzeitsreise. Aber auch Rom ist nicht als Stadt von Interesse, sondern lediglich als Hauptstadt des Katholizismus und Wohnort des Papstes.

Die Zeitebenen

Wie die Gegenwartshandlung mit einem Ort auskommt, der Wohnung Hans Schniers, so beschränkt sich die erzählte Zeit auf die rund vier Stunden nach der Ankunft Schniers in Bonn, wogegen auf der Ebene der Erinnerung die jüngste Vergangenheit ebenso in den Roman geholt wird wie die Zeit der Kindheit des Ich-Erzählers. Die jüngere Vergangenheit, die sechs Jahre mit Marie, sind zugleich verbunden mit einem Einblick in die bundesrepublikanische Wirklichkeit, wobei das Jahr der Gegenwartshandlung nicht genannt, aber durch Zeitangaben im Text ermittelbar ist. Die Schwester des Erzählers, Henriette, ist vor siebzehn Jahren, nach dem Februar 1945, aber noch vor dem Mai 1945, dem Kriegsende, „bei Leverkusen gefallen" (25). Mithin spielt die Gegenwartshandlung im Jahre 1962. Der Erzähler selbst ist zum Zeitpunkt des Erzählprozesses 27 Jahre alt (8), war im Todesjahr seiner Schwester also 10 Jahre alt. Im Alter von 21, vor sechs Jahren, also 1956, hat er die erste Nacht mit Marie verbracht, die damals neunzehn Jahre alt war (39). Die politische Ära jener Tage wird nahezu en passant über die Namensnennung von Politikern in den

26 Blamberger, in: Bellmann, S. 207 f.

Der Roman als Zeitdokument

Roman geholt, so finden z. B. Strauß, Adenauer und Erhard Erwähnung (zur Erheiterung seines Großvaters hat Schnier ab und an Adenauer und Erhard imitiert, „was auf eine deprimierende Weise einfach ist", 60). Aber mehr erfahren wir nicht wirklich über die damalige Bundeshauptstadt Bonn und den politischen Alltag jener Zeit. Dies hat Marcel Reich-Ranicki bereits 1963 zu der Kritik veranlasst:

> *„Der katholische Klüngel von Bonn und Köln verstellt dem Autor den Blick in die Welt. Fast könnte man meinen, er hätte vergessen, dass in der Stadt, in der die Handlung spielt, außer einigen katholischen Organisationen und Pfarrern, die ihre Predigten aus unpassenden Quellen zusammenstellen, noch etwas existiert, was schließlich nicht ganz unwichtig ist: eine deutsche Regierung. Und dabei hat doch diese Regierung mit der katholischen Welt auch etwas gemeinsam."*[27]

Reich-Ranicki ist sicher zuzustimmen, wenn man seine Kritik so versteht, dass der Roman weder innen- noch außenpolitische Fragen tagesaktueller Bedeutung aufgreift. Regierungs- und Parteipolitik spielen in der Tat im Roman – und erst recht im Bewusstsein des Erzählers – keine Rolle. Die Auseinandersetzung der Parteien ist reduziert auf das Nebeneinander von Wahlplakaten auf einer Mauer gegenüber dem Krankenhaus, in dem Marie wegen einer Fehlgeburt liegt. Hans Schnier nennt den Wahlslogan der SPD („Schenk Dein Vertrauen der SPD") geradezu „genial, fast literarisch" angesichts des „Stumpfsinns" auf dem Wahlplakat der CDU („Wählt CDU"). Schniers ironischer Meinung nach haben die Plakate die Aufgabe, die Kranken „mit ihrer unbeschreiblichen Stupidität zu deprimieren" (siehe 215). So wenig es Hans Schnier also um

27 Reich-Ranicki: *Ein Buch des Missmuts und der Liebe*, in: Reich-Ranicki (Hrsg.), S. 45.

Tagespolitik geht, umso mehr geht es ihm darum, einen Blick auf die Atmosphäre jener Tage zu werfen, auf das, was man heute „Zeitgeist" nennt. Und hier wiederum sind es im Wesentlichen zwei Aspekte, die ihn berühren: die verdrängte Vergangenheit der Nazi-Zeit und die Tatsache, dass ehemalige Parteigänger der Nazis sich als gute Demokraten gerieren, als solche gelten und/oder mit Ämtern und Orden, Auszeichnungen und Ehrentiteln versehen werden und, dies ist der zweite Aspekt, dass die Gesellschaft gekennzeichnet ist durch mangelnde Fürsorge füreinander, durch ein fehlendes Miteinander, und dass stattdessen Oberflächlichkeit und Konsumdenken herrschen und menschliche Beziehungen bestimmt werden durch die Macht (den Fetisch-Charakter) des Geldes. Verbunden sind diese Themenbereiche mit der Kritik an der katholischen Kirche und ihrer Glaubensauslegung bzw. mit der Kritik an Heuchelei, Glaubensdogmatismus und allzu großer Nähe der (katholischen) Kirche zu Regierungsinstitutionen oder Parteien. Zu diesen Themenbereichen äußert der Erzähler seine Ansichten.

2.3.3 Der Erzähler und seine „Ansichten"

Der Roman wird dominiert vom erzählenden Ich, das das gesamte Material vor uns ausbreitet, alle Figuren einführt und das Geschehen aus seiner Sicht schildert, die Ereignisse der Vergangenheit in die Gegenwart holt, die Gegenwart beleuchtet und uns mit der eigenen (subjektiven) Perspektive konfrontiert. Zu dem Material, das der Erzähler vor uns ausbreitet, gehören immer wieder seine „Ansichten".

„Vergangenheitsbewältigung"

Mehrfach äußert sich der Erzähler zum Thema „Vergangenheitsbewältigung". Dass er immer wieder auf dieses Thema zu sprechen kommt, ist u. a. mit dem traumatischen Verlust seiner Schwester Henriette zu erklären, für deren Tod er letztlich seine Mutter verantwortlich macht (siehe 22–28 und 254 f.). Zorn und Trauer des Erzählers bei der Nachricht von Henriettes Tod entäußern sich in einem Akt der Aggression gegen die Mutter und im Verbrennen von Gegenständen aus dem Besitz Henriettes; dabei nimmt der Erzähler ganz offensichtlich auch größere Brandschäden am Haus und Verletzungen von Personen in Kauf (255). Seine anti-nazistische Grundhaltung speist sich auch aus einem Erlebnis mit dem Jungvolkführer Herbert Kalick, den er, ohne damals genau zu wissen, was das bedeutet, ein „Nazischwein" genannt hat (siehe 26). Am Beispiel seiner Mutter, des Lehrers Brühl und Herbert Kalicks verdeutlicht Hans Schnier das „Hineinwachsen" von Sympathisanten, Mitläufern und Parteigängern des NS-Regimes in die Bonner Demokratie. Wetterte seine Mutter noch am Ende der Nazi-Diktatur gegen die „jüdischen Yankees", die man von der „heiligen deutschen Erde" vertreiben müsse (24), so ist sie seit Jahren schon „Präsidentin des Zentralkomitees der Gesellschaften zur Versöhnung rassistischer Gegensätze" (30), ohne aber je Selbstkritik geübt und ihre Haltung zum Nazi-System mit seiner rassistischen Ideologie und Politik überprüft zu haben. Brühl, ein überzeugter Nazi, ist mittlerweile an der Pädagogischen Hochschule tätig. Und der NS-Parteigänger Kalick erhält das Bundesverdienstkreuz wegen seiner „Verdienste um die Verbreitung des demokratischen Gedankens in der Jugend" (202). Hans Schnier überlegt kurz, ob er ihn anrufen soll, verwirft den Gedanken aber wieder und kommentiert: „Ich hatte ihn nur fragen wollen, ob er seine Vergangenheit inzwischen bewältigt habe, ob sein Verhältnis zur Macht

Beispiele: Mutter, Lehrer Brühl und Kalick

noch in Ordnung sei und ob er mich über die jüdische Geistigkeit aufklären könne." (209) Schnier wirft seiner Mutter, Brühl und Kalick (die stellvertretend für andere stehen) nicht lediglich vor, Nazis gewesen zu sein, sondern es geht darum, dass ohne eine wirkliche Aufarbeitung der (eigenen) Vergangenheit aus diesen Nazis nun „Demokraten" geworden sind, Demokraten aber, die ihre einstige Gesinnung verschweigen und sich der neuen Gesellschaft stromlinienförmig angepassen. „Die Heuchelei besteht für den Clown darin, dass einst nationalsozialistischer, jetzt demokratischer Gemeinsinn vorgetäuscht wird, wo es in Wirklichkeit nur um die Wahrung privater Interessen ging und geht."[28] Der Karriere dieser Alt-Nazis in der neuen Gesellschaft entspricht auf der anderen Seite, dass Nazi-Gegner, wie etwa der Vater Züpfners oder auch Marie Derkums Vater, in der neuen Gesellschaft nicht zur Elite gehören oder nicht dazugehören wollen (siehe 40 und 49).

Heuchelei im Umgang mit der Vergangenheit

Der zweite große thematische Kreis des Romans ist die Auseinandersetzung mit menschlichen Beziehungen, den Grundwerten der Gesellschaft und der Rolle, die das Geld dabei spielt. Ohne einen dezidiert marxistischen Standpunkt der Kritik an der (kapitalistisch organisierten) Gesellschaft einzunehmen, zeigt der Clown Hans Schnier schon durch die Ausgangssituation, in der er sich befindet, die Rolle des Geldes in der Gesellschaft auf. Als er in Bonn ankommt, hat er nur noch eine Mark in der Tasche; im ersten Kapitel schildert Schnier ausführlich das Gefeilsche Kosterts um seine Gage und, in seiner Wohnung angekommen, fertigt er eine Liste mit den Namen derjenigen an, die er „anpumpen" kann, und mit den Namen derje-

Die Rolle des Geldes

28 Blamberger, in: Bellmann, S. 211.

nigen, die er „nur im äußersten Fall um Geld bitten würde." (28) Am Schluss sehen wir ihn, arm und mittellos, am Bahnhof sitzen und betteln. Schnier selbst hat über Jahre hinweg recht gut verdient, hat aber keine Ersparnisse mehr (siehe 21). Nach dem Gespräch mit Bela Brosen wirft er die letzte Mark, die er noch hat, aus dem Fenster (siehe 197) und vollzieht damit tatsächlich nur das nach, was er seit Jahren im Grunde praktiziert hat, nämlich das Geld zum Fenster hinauszuwerfen („Ich hatte fünf Jahre lang viel mehr verdient, als ich hätte ausgeben müssen, und doch war alles weg.", 21). Seine Haltung dem Geld gegenüber fasst er in die Worte:

> *„In seinen (des Vaters, B. M.) Augen las ich es: Er konnte sein Geld nicht einem Clown geben, der mit Geld nur eins tun würde: es ausgeben, genau das Gegenteil von dem, was man mit Geld tun musste. Und ich wusste, selbst wenn er mir eine Million gegeben hätte, ich hätte sie ausgegeben, und Geldausgeben war für ihn gleichbedeutend mit Verschwenden."* (190)

Schnier denkt nicht in den Kategorien des Geldes und des Wirtschaftens (sparen, anlegen, Geld vermehren), er denkt nicht in Verwertungskategorien und in Parametern wie Effizienz und Kosten-Nutzen-Relationen, wie es etwa sein Vater tut: Der will ihm eine Pantomimenausbildung finanzieren, weil ein Experte ihm geraten hat, sein Sohn Hans solle sich auf diesen Bereich der künstlerischen Darstellung spezialisieren. Während Schniers Vater von einer „soliden, kontrollierten Ausbildung" redet (179), spricht Schnier davon, seine „Seele (...) wiederhaben" zu wollen (166). Schnier macht einen Unterschied zwischen dem „konkreten" und dem „abstrakten" Geld: Das abstrakte Geld scheint ihm dafür verantwortlich zu sein, dass Menschen „unmenschlich" handeln und denken. Schnier fragt sich: „Was

Geld versus Seele

machte diesen liebenswürdigen Mann, meinen Vater, so hart und so stark (...)?", um dann die Antwort zu geben: „Es konnte doch nur das Geld sein, nicht das konkrete, mit dem man Milch kauft und Taxi fährt, sich eine Geliebte hält und ins Kino geht – nur das abstrakte." (189 f.) Hans Schnier wird hier zum Rollensprecher einer Kritik Bölls an der bundesrepublikanischen Nachkriegsgesellschaft, die der Autor in seinem Aufsatz *Hierzulande* im Jahre 1960 u. a. in die Worte gefasst hat:

Bölls Kritik an der bundesrepublikanischen Gegenwart

„Jemand, der hierzulande ein Scheckbuch ‚zückt', hat einige Aussicht, als wohlhabend zu gelten, und doch kostet ein Scheckbuch nur fünfundsiebzig Pfennige, und die fünfzig Schecks, die es enthält, sind sehr nützlich bei dem Sport, den man, will man kreditfähig bleiben, sozusagen als Anfangssport betreiben muss. Der Sport heißt: ‚Bewege dein Konto'. Wenn man zweitausend Mark fünfzigmal bewegt hat, sind es einhunderttausend, und das ist ein stattlicher Umsatz. Umsatz ist alles, er bringt Kredit, höheren, vielleicht sechstausend, und diese dann, hundertmal bewegt, machen einen Umsatz von sechshunderttausend."[29]

Hans Schnier lehnt „Schecks und andere ‚Zahlungsmittel' grundsätzlich" ab, hat sich sein Honorar immer bar auszahlen lassen, mehr als zwei oder drei Tage im Voraus haben er und Marie nie geplant (siehe 221). In einer ähnlichen Auffassung dem Geld gegenüber hat wohl auch eine ihrer Gemeinsamkeiten bestanden („In Maries Händen verlor sogar das Geld seine Fragwürdigkeit, sie hatte eine wunderbare Art, achtlos und zugleich sehr achtsam damit umzugehen.", 220 f.). Nun aber hat Hans Schnier seine Kreditwürdigkeit verloren; die wenigen, die ihm Geld „pumpen" würden (Monika Silvs etwa),

29 Böll: *Hierzulande – Aufsätze zur Zeit*, S. 12.

haben kein Geld, diejenigen, die Geld haben, wollen ihm keins geben oder stellen Bedingungen, wie der Vater, die Schnier nicht akzeptieren kann oder will, weil er sich nicht (geistig und seelisch) prostituieren will („Wenn unser Zeitalter einen Namen verdient, müsste es Zeitalter der Prostitution heißen.", 270).

Kritik am Katholizismus

Den Begriff Prostitution verwendet Schnier im Zusammenhang mit einer Kritik an Sommerwild, dem geistigen Kopf des „Kreises". Mit der Kritik an Sommerwild und den Mitgliedern des „Kreises" ist die Kritik an einer Ausprägung des Katholizismus verbunden, die der dritte thematische Baustein des Romans ist. Diese Kritik am Katholizismus hat weitaus mehr Empörung und Reaktionen hervorgerufen als die beiden anderen Themenkreise, was sicherlich nicht nur daran liegt, dass der Clown Hans Schnier sehr häufig zu drastischem Vokabular greift, wenn er sich über Katholiken äußert, so etwa im Telefonat mit Kinkel: „Warum sagt mir dann keiner von euch ekelhaften Katholiken, wo sie ist?" (100) Oder wenn er sagt: „Es ist grauenhaft, was in den Köpfen von Katholiken vor sich geht" (38), wenn er von Pastoren spricht, die die „unfassbaren Wahrheiten dieser Religion" von der Kanzel „herunterstammel(n)" (118), und davon ausgeht, dass es überhaupt nur vier Katholiken auf der Welt gibt: „Papst Johannes, Alec Guinness, Marie und Gregory, einen altgewordenen Negerboxer, der fast einmal Weltmeister geworden wäre (...)." (77) Die Kritik am Katholizismus kann in etliche Facetten aufgefächert werden: Schnier führt mit Kostert gleich im 1. Kapitel einen Katholiken vor, der auf schäbigste Weise um Schniers Gage schachert und dessen „billige Eisigkeit schon zu simplem Sadismus geworden" ist (11). Er zeigt am Beispiel des „Kreis(es) fortschrittlicher Katholiken" („Schon die ersten Augeblicke in diesem

Kreis waren fürchterlich", 17) und der Debatte über „Armut in der Gesellschaft, in der wir leben" (18) Katholiken als Heuchler. Er wendet sich immer wieder gegen den Dogmatismus in Fragen der (Sexual-)Moral, der gepaart ist mit einer Doppelmoral (siehe 94 f.), und kritisiert am Beispiel der Mitglieder des „Kreises" und ihrer verschwommenen Grundhaltungen die Konturlosigkeit der Kirche in Fragen der Gerechtigkeit und des sozialen Miteinanders:

Dogmen und Prinzipien

> „(...) *ich weiß jetzt gar nicht mehr, ob links oder rechts, jedenfalls haben sie ihre Linie (...). Auch Sommerwild rührte sich nicht, obwohl er die Kinkel und Fredebeul entgegengesetzte Linie vertritt, ich weiß nicht, welche: wenn Kinkel und Fredebeul links sind, ist Sommerwild rechts, oder umgekehrt.*" (86)

Und Schnier kritisiert natürlich die zu enge Verbindung der katholischen Kirche mit der Regierungspartei CDU und den Kreisen der wirtschaftlich und politisch Mächtigen: Sommerwild etwa geht mit Schniers Großvater auf die Jagd und trifft Schniers Vater in der Bonner Herren-Union (92), Fredebeul – „ein opportunistischer Schwätzer, der um jeden Preis Karriere machen will" (89) – hält Wahlreden für die CDU (90). Auch in diesem Punkt kann man Hans Schnier durchaus als Rollensprecher der Kritik Bölls an der katholischen Kirche sehen. Im *Brief an einen jungen Katholiken* aus dem Jahre 1958 hat Böll diese Kritik deutlich formuliert:

> „(...) *sie alle sind einsichtig und intelligent genug, um zu wissen, dass die Fast-Kongruenz von CDU und Kirche verhängnisvoll ist, weil sie den Tod der Theologie zur Folge haben kann; es ist doch einfach nur peinlich, wenn man Stellungnahmen von Theologen zu politischen Fragen liest; das ist stramm auf Bonn*

gezielt und man spürt hinter jedem Satz einen Eifer, der auf das Schulterklopfen wartet."[30]

Der Kirchenkritiker Schnier

Die Kritik an der katholischen Kirche – und dies ist aus heutiger Sicht vielleicht eine der Merkwürdigkeiten dieses Romans – wird von einer Figur vorgetragen, die selbst keiner Kirche angehört, von Hause aus protestantisch ist, Marie zuliebe aber mit in den „Kreis" gegangen ist, sich selbst als „nicht antiklerikal" (139) bezeichnet und ganz offensichtlich Sympathien für Papst Johannes XXIII. hat. Die Positionen, die Schnier selbst einnimmt, kann man vielleicht (und mit aller Vorsicht) als eine Form des Urchristentums bezeichnen, die den Wert der christlichen Überzeugungen nicht in fixierten Dogmen und erstarrten Regeln sieht, sondern in einer unverstellten praktischen Nähe zum Menschen, die auf Gottes Wort beruht. Nicht umsonst ist eine bestimmte Bibelstelle dem Roman als Motto (Ausspruch Jesajas, von Paulus im *Römerbrief* zitiert) vorangestellt, auf die auch der Mönch im Konvikt verweist (213), die besagt, dass nicht kirchliche Würdenträger und professionelle Deuter, sondern unverstellte und auch ungläubige Menschen das Wort Gottes verstehen werden. Im Gespräch mit Sommerwild fasst Schnier diese Auffassung in die bildhafte Formulierung: „Aber in Ihrer Heiligen Schrift steht doch die Sache von dem reinen, klaren Wasser – warum schenken Sie das nicht aus?" (140) Und an anderer Stelle im Gespräch wirft Schnier den Katholiken vor, sich hinter einen „Schutzwall aus Dogmen" zu hocken und mit „aus Dogmen zurechtgehauenen Prinzipien" um sich zu werfen (145). Als positive Gegenfigur kann Heinrich Behlen, der Kaplan, gelten, der sozusagen christliche Basisarbeit verrichtet und Nächstenliebe prakti-

Kaplan Behlen – eine positive Gegenfigur

30 Böll: *Brief an einen jungen Katholiken*, in: Böll: Aufsätze zur Zeit, S. 37.

ziert (er steht Marie bei ihrer Fehlgeburt bei) und der über die Barmherzigkeit Gottes sagt, sie sei größer „als das mehr juristische Denken der Theologen" (214). Dass ausgerechnet Behlen aus dem Amt ausscheidet und in wilder Ehe mit einem jungen Mädchen lebt, mag so verstanden werden, dass für einen christlichen „Basisarbeiter" in der dogmatisierten Amtskirche kein Platz ist.

2.3.4 Motive und Symbole

Neben den in 2.3.3 behandelten „Ansichten" Hans Schniers, den thematischen Schwerpunkten, die der Roman setzt, werden etliche Motive und Symbole im Roman aufgerufen, von denen hier einige kurz angesprochen werden sollen.

Der Roman ruft das Motiv der (gescheiterten) Kommunikation auf, das immer wieder eine Rolle spielt. Schon die Ausgangssituation stellt die Hauptfigur in eine spezifische Kommunikationssituation, die des Abarbeitens einer Liste mit Personen, die Hans Schnier anzurufen beabsichtigt. Alle Gespräche auf der Gegenwartsebene, die einzige Ausnahme ist das Gespräch mit dem Vater, sind medial vermittelt (Telefon), finden in räumlicher Distanz und ohne Blickkontakt der beteiligten Personen statt. Schniers Fähigkeit, über das Telefon Gerüche wahrzunehmen, ist in diesem Zusammenhang auch als Ersatz für den fehlenden Blickkontakt und die dadurch gegebene Möglichkeit der Personenbeschreibung zu sehen, denn Schnier verfügt mit Hilfe seines „hypersensitiven Geruchsorgans" über die „mystische Gabe, (...) den Gesprächspartner mit der Nase zu klassifizieren (...)."[31] Alle Gespräche sind entweder Streitgespräche, die von einem der beiden an der Kommunikation beteiligten Personen

Kommunkationsstörungen

31 Blöcker, in: Lengning, S. 75.

abgebrochen werden, oder Gespräche, die keine Annäherung bringen (Vater), keine Lösung für Hans Schnier aufzeigen oder sogar in Resignation enden (siehe das Gespräch mit Monika Silvs: „(...) ich hörte noch, dass sie weinte, dann legte sie auf.", 228). Gespräche kommen teilweise auch gar nicht zustande, weil von Schnier gewünschte Teilnehmer nicht erreichbar sind (Karl Emonds). Die Kommunikation mit Marie, der eigentlich wichtigsten Person, ist bereits gescheitert, als Schnier seine Telefonate aufnimmt, denn keinen der vielen Briefe, die er ihr geschrieben hat, hat sie geöffnet. Und letztlich ist ihre Kommunikation bereits während ihrer Beziehung gescheitert – so erfährt Schnier von Marie nichts über ihre Probleme während der Schwangerschaft (Fehlgeburten). Und oft kommt es zwischen ihnen zu Verständigungsschwierigkeiten, Missverständnissen und Streitigkeiten oder zu Situationen, in denen die Kommunikation an Hans Schnier vorbeiläuft („Schließlich ging ich raus, ich kam mir wie ein Ausgestoßener, vollkommen überflüssig vor.", 214 f.)

Marie und Schnier: gescheiterte Gespräche

Die scheiternde Kommunikation ist auch ein Grund für das Scheitern der Beziehung zwischen Marie und Hans Schnier, deren Hauptgrund allerdings in ihren Differenzen in Fragen der Ehe, der Moral und der Einstellung zu gesellschaftlichen Fragen liegt. Der Roman thematisiert somit auch das Motiv einer scheiternden (gescheiterten) Liebesbeziehung. Im Kern geht es dabei um unterschiedliche Auffassungen über die Bedeutung und „Berechtigung abstrakter Ordnungsprinzipien" (79). Diese Differenzen macht Schnier am Beispiel der Kindstaufe, der katholischen Erziehung, der Heirat und seines angebotenen Übertritts zum Katholizismus deutlich. Während es Marie in diesen Fragen um

Gründe für das Scheitern der Beziehung zwischen Hans und Marie

die „Ordnung" geht, erinnern Schnier „abstrakte Ordnungsprinzipien (...) an eine Folterkammer." (siehe 78–80) Bezeichnend für das (kommunikative) Scheitern ihrer Beziehung ist die Art und Weise des Bruchs. Marie verlässt Schnier, spricht aber nicht mit ihm über ihren Entschluss. Vielmehr hinterlässt sie ihm einen Zettel, den er beim Aufwachen vorfindet und auf dem zu lesen ist: „Ich muss den Weg gehen, den ich gehen muss." (84) Schnier muss sich letztlich eingestehen, dass es die wachsenden Konflikte sind, die die Beziehung zum Scheitern gebracht haben, nicht der negative Einfluss des „Kreises". Marie hat ihn aus freiem Willen verlassen, sie wird eben nicht, wie er im Telefonat mit Kinkel noch sagt, vom „Kreis" vor ihm versteckt (100). Schniers Erkenntnis lautet schließlich: „Marie war weggegangen, und sie hatten sie natürlich mit offenen Armen aufgenommen, aber wenn sie hätte bei mir bleiben wollen, hätte keiner sie zwingen können, zu gehen." (139) Viele zeitgenössische Rezensenten des Romans haben bei ihrer Besprechung auf die Katholizismuskritik abgehoben und die Liebesgeschichte dabei vernachlässigt. Marcel Reich-Ranicki hat in seiner Besprechung des Romans allerdings genau die Liebesgeschichte betont und darin die starken Seiten des Romans gesehen. Über Bölls „Buch der Liebe" schreibt er: „Einigen Abschnitten, in denen Bölls Clown von seinem Schmerz und seiner Eifersucht spricht, kann in der neuesten deutschen Prosa nur wenig an die Seite gestellt werden."[32] In seiner 1985 erschienen Untersuchung zum Roman hat Karl-Heinz Götze auf die strukturelle Bedeutung des Liebesmotivs mit den Worten hingewiesen: „Ohne diese Liebesgeschichte wären die ‚Ansichten' kaum mehr als ein mit Karikaturen und satirischen Szenen aufgelo-

Die Bedeutung der „Liebesgeschichte"

32 Reich-Ranicki: *Mehr als ein Dichter*, S. 48.

ckertes Pamphlet, erst sie integriert die Elemente zu einem Roman."[33]

Wenn Reich-Ranicki vom Schmerz und der Eifersucht Schniers spricht, so kann im Zusammenhang damit das Motiv des Weinens gesehen werden. Noch bevor er durch Sommerwild erfährt, dass Marie auf Hochzeitsreise mit Züpfner ist, entäußern sich seine Einsamkeit, seine Verzweiflung und seine Trauer in Tränen. In der Badewanne liegend, denkt er an Marie, sieht sie in seiner Fantasie vor sich und muss feststellen, dass er angefangen hat, kalte Tränen zu weinen (128).

Das Motiv des Weinens

Tränen als Ausdruck des Leidens, der Verzweiflung und des Eingeständnisses seines Scheiterns stellt Schnier auch bei seinem Vater während des Gesprächs fest: „Ich hatte das noch nie gesehen: dass er weinte und sein Taschentuch richtig benutzte (...). Ich ging raus in die Küche, weil er immer noch weinte, ich hörte ihn sogar ein bisschen schluchzen." (183 f.) Monika Silvs weint am Ende des Gesprächs mit Schnier; dieser wiederum muss „vor Elend" weinen, weil die Mazurka, die Monika Silvs ihm über das Telefon vorspielt, die Erinnerungen an die erste Nacht mit Marie weckt, denn sein Bruder Leo spielte das Musikstück, als Hans Schnier von Marie nach Hause kam (siehe 226 f.). Sein Elend ist schließlich so groß, dass er „nicht einmal mehr weinen" kann (227). Das Weinen ist mit inneren Krisen verbunden – aber keine der weinenden Personen spricht gegenüber anderen von dieser Krise, alle sind unfähig, gemeinsam mit anderen zu trauern. Auch an diesem Punkt scheitert die zwischenmenschliche Kommunikation. Und Schnier betont, dass er nur in Gegenwart Maries weinen konnte (siehe 184). Als er sich auf den Weg zum Bahnhof macht, sagt Hans Schnier im Bewusstsein, Marie wohl endgültig verloren zu haben:

33 Götze, S. 61.

„Ich hätte gern geweint: Die Schminke hinderte mich, sie saß so gut, mit den Rissen, mit den Stellen, wo sie anfing abzublättern, die Tränen hätten das alles zerstört. Ich könnte später weinen, nach Feierabend, wenn mir noch danach zumute war." (273)

Seine wirklichen Gefühle (Trauer, Schmerz) verbirgt Hans Schnier unter der weißen Maske des Clowns – aber diese Maske hat Risse. Darunter kommt das wahre Gesicht zum Vorschein.

Neben diesen Motiven gibt es weitere, die hier genannt werden sollen, aus Platzgründen aber nicht ausführlich behandelt werden können.[34]

Zu nennen sind u. a.:

- das Nibelungen-Motiv (siehe etwa 47, 152, 223)
- das Motiv der Zahnpastatube (siehe etwa 53, 70)
- das Marionetten-Motiv (siehe etwa 39 und 179) und im Zusammenhang damit die Künstler-Thematik
- die Visionen Schniers (Papst-Audienz, Marie und Züpfner in ihrer Wohnung etc., siehe etwa 198)
- die Verweise auf literarische und historische Gestalten
- die Verweise auf Papst Johannes XXIII, den Marienkult sowie Liturgien und Litaneien.

34 Einige Informationen gibt es im Materialienteil.

Aufbau
(siehe 2.3.1)

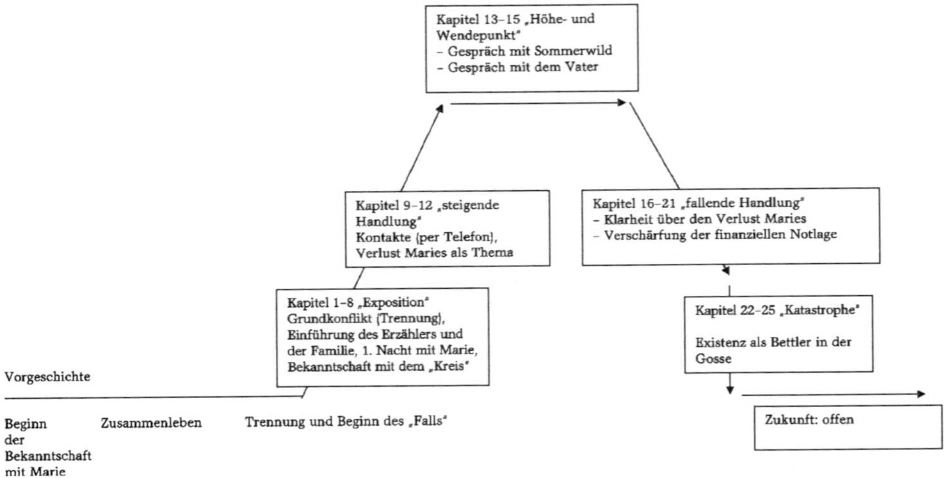

2.4 Personenkonstellation und Charakteristiken

Da der Ich-Erzähler bestimmt, welche Seiten der Personen, mit denen er kommuniziert oder zu tun hat, er uns präsentiert, ist unser Blick auf alle Personen ausschließlich durch die Perspektive des Ich-Erzählers gelenkt.[35] Nur wenige Personen, mit denen der Erzähler Kontakt hat (oder hatte), werden in ein positives Licht gesetzt, bei der Mehrzahl wird mehr oder weniger große Distanz und Kritik deutlich, die sich oftmals in sarkastischen Kommentaren oder ironischen Wendungen des Erzählers offenbart. Es gibt unterschiedliche Möglichkeiten, die auftretenden Personen in eine Beziehung zu Hans Schnier zu setzen. So kann man natürlich die Mitglieder der Familie und des „Kreises" zu jeweils einer Gruppe zusammenfassen; man kann die Personen aber auch nach Nähe und Distanz zu Hans Schnier gruppieren, was zu einer anderen Konstellation führen würde. Ganz unabhängig von dieser Einordnung ist aber festzuhalten, dass Hans Schnier einerseits im Zentrum des Romans steht (Erzähler, Hauptfigur), sich andererseits aber am Rande befindet, da er sich in (selbst gewählter) Isolation befindet.

Biografie und Charaktermerkmale

Hans Schnier, der Ich-Erzähler, ist siebenundzwanzig Jahre alt, von Beruf Clown, gehört keiner Kirche an, kommt aus einem protestantischen Elternhaus, zu dem er aber seit dem Tod seiner Schwester Henriette keinen wirklichen Kontakt mehr hat. Schnier leidet unter „Melancholie und Kopfschmerz" (9), ist mit der Fähigkeit begabt, Gerüche durchs Telefon wahrnehmen zu können (13), liest in der Badewanne Zeitungen und singt Liturgisches und Litaneien, die er noch aus der Schulzeit kennt (8 f.). Als sein „fürchterlichstes

35 Deshalb sind die Hinweise zu Hans Schnier etwas ausführlicher, die Anmerkungen zu den anderen Figuren dagegen komprimiert.

Leiden" bezeichnet er seine „Anlage zur Monogamie" (16) bei gleichzeitigem starken „Verlangen nach einer Frau" (29). Sein Leiden resultiert daraus, dass er nur mit Marie „alles tun kann, was Männer mit Frauen tun" (16); deshalb lebt er, seit Marie ihn verlassen hat, „wie ein Mönch" (16) und „wider Willen und doch naturgemäß zölibatär" (29); sein Frauenbild ist traditionell, schon fast klischeehaft-spießig, reproduziert im Grunde die Vorstellung von der Frau als Mutter, Hure oder Heilige (siehe z. B. die Passage über das Aufräumen und die Frauenhände, 219 ff., die Ausführungen über „Hurenfilme", S. 105 f., und Frauen, „(...) die es nicht für Geld und nicht aus Leidenschaft für den Mann tun, nur aus Barmherzigkeit mit der männlichen Natur.", 106). Seit Marie Schnier verlassen hat, geht es mit Hans Schnier beruflich bergab; er hat angefangen zu trinken, hat Auftritte verpatzt, Engagements sind gekündigt worden; nach einem (bewusst herbeigeführten) Sturz auf der Bühne hat er ein geschwollenes Knie. Als er in seiner Bonner Wohnung ankommt, ist er im Besitz von lediglich einer Mark, die er nach dem Gespräch mit Bela Brosen auf die Straße wirft. Von seiner Wohnung aus führt er Telefongespräche, die einerseits die Funktion haben, etwas über Marie und ihren Verbleib in Erfahrung zu bringen, andererseits aber auch zur Beschaffung von Geldmitteln dienen. Obwohl Schnier zeitweilig recht gut verdient hat, verfügt er über keine Finanzmittel, da er sein Geld immer ausgegeben hat. Vor sechs Jahren hat er Marie Derkum kennen gelernt; sie hat mit ihm zusammengelebt, ihn oft zu seinen Gastspielen begleitet. Ihr zuliebe ist er zu Sitzungen des katholischen „Kreises" gegangen, bei denen es aber regelmäßig zu Auseinandersetzungen zwischen Schnier und Kreismitgliedern gekommen ist. Schnier empört sich über die – seiner Meinung nach – heuchlerischen

Schniers Frauenbild

Mitglieder des Kreises, provoziert sie auch gerne mit seinen „Ansichten", die er der offiziellen Kirchenlinie in theologischen Fragen gegenüberstellt. Mit seinen Eltern, besonders seiner Mutter, hat Schnier kaum noch Kontakt. Er wirft seiner Mutter den Tod der Schwester Henriette vor und die Tatsache, dass sie ihre NS-Vergangenheit nicht wirklich aufgearbeitet hat. Er kritisiert die menschliche Kälte der Gesellschaft, die Macht des Geldes und den Einfluss von Beziehungsgeflechten auf politische Entscheidungen (etwa die Beziehungen zwischen Kirchenkreisen und der regierenden CDU). Eine direkte (partei-)politische Alternative hat er nicht; zwar hegt er gewisse Sympathien für Maries Vater, der kommunistisches Gedankengut kultiviert, lehnt aber das damalige System der DDR und seine Funktionärskaste ab (siehe Kapitel 22). Schnier ist ein melancholischer Außenseiter aus freiem Willen, seine Entscheidung gegen den Reichtum, den das Elternhaus ihm bietet könnte, ist konsequent und endgültig. Inmitten einer sich entwickelnden Konsum- und Wohlstandsgesellschaft wird er zur ökonomischen und sozialen Randexistenz.

Schniers Einstellungen und Ansichten

Marie Derkum ist 19 Jahre alt, als sie ihre erste Nacht mit Hans Schnier verbringt, obwohl sie damals mit Heribert Züpfner befreundet war (siehe 39). Dieses sexuelle Erlebnis ruft in ihr Scham und ein schlechtes Gewissen hervor (50); sie wäscht noch am Morgen nach der Liebesnacht die Bettwäsche und muss weinen. Nach dem Grund gefragt, antwortet sie Schnier: „Mein Gott, ich bin doch katholisch (...)". (51) Marie kommt aus ärmlichen Verhältnissen, der Schreibwarenladen des Vaters bringt nicht seht viel ein (50). Marie Derkum gibt ihr bisheriges Leben – sie steht kurz vor dem Abitur – auf, verlässt den Vater, bei dem sie wohnt, und lebt in den folgenden Jahren mit Hans Schnier zusammen, zumeist in Hotels, in denen sie während seiner Gastspiele übernachten. Marie führt Schnier in den „Kreis fortschrittlicher Katholiken" ein, hält an ihrem Glauben fest und streitet sich immer wieder mit Schnier über moralische und ethische Grundsatzfragen. Vor allem aber möchte sie das geregelte Leben einer Ehefrau führen, nicht das Vagabundenleben Schniers. Sie erleidet drei Fehlgeburten (siehe 104 und 134). Und gerade in diesen Krisensituationen zeigt sich, dass Hans Schnier und Marie Derkum kaum miteinander kommunizieren können (siehe Kapitel 18). Am Ende der Beziehung verlässt sie ihn, um Heribert Züpfner zu heiraten (sie ist auf der Hochzeitsreise in Rom, wohin sie mit Schnier nie fahren wollte). Schnier sagt über Marie, sie sei in manchen Dingen „naiv" gewesen und hält sie auch nicht für „sehr intelligent" (144), meint aber: „Marie war nah daran, mich zu verstehen, ganz verstand sie mich nie." (104)

Maries Glauben

Vater/Mutter/Leo/Henriette

Vater

Schniers **Vater** ist ein erfolgreicher Geschäfts- und Medienmann, zur Zeit der Handlung auf der Gegenwartsebene fast 70 Jahre alt. Schniers Vater tritt regelmäßig bei Diskussionen im Fernsehen auf, raucht schlanke Zigarren, ist „(...) nicht groß, zart und auf eine so gekonnt nachlässige Weise gepflegt, dass sich die Fernsehleute um ihn reißen, wenn irgendwelche Wirtschaftsfragen diskutiert werden." (153) Er ist laut Schnier gütig und „hasst jede Nuance der Brutalität" (153). Schniers Vater bietet ihm an, eine Ausbildung zum Pantomimen zu finanzieren, knüpft aber das Angebot der Unterstützung an die Verpflichtung, diese Ausbildung zu absolvieren. Obwohl er Millionär ist und Geld nicht wirklich eine Rolle spielen müsste (siehe

169), betrachtet er die Finanzierung der Ausbildung unter rein ökonomischen Gesichtspunkten, nicht unter künstlerischen. Aus moralischen Gründen hat er Schnier jegliche Unterstützung verweigert, als dieser mit Marie aus Bonn wegging. Er hat seinem Sohn den Vorwurf gemacht, das „unglückliche, anständige Mädchen (...) verführt" zu haben (ebd.). Zwar sind sich Hans Schnier und sein Vater (der ihn immerhin aufsucht) recht nahe, und der Vater zeigt sich im Gespräch auch emotional bewegt, doch bieten ihre Standpunkte keine Chance auf Annäherung. Der Vater verabschiedet sich von Schnier, ohne dass es wirklich zu einem kommunikativen Miteinander und zu einer Lösung der finanziellen Fragen gekommen ist.

Mutter

Seiner **Mutter** lastet Schnier den Tod der Schwester Henriette an; sie repräsentiert für ihn an erster Stelle all diejenigen, die jetzt als windschnittige Demokraten im politischen System den Ton bestimmen, während der Nazi-Zeit aber ebenso angepasst das damalige System unterstützt haben. Vor allem wirft Schnier seiner Mutter, die „Präsidentin des Zentralkomitees zur Versöhnung rassistischer Gegensätze" (30) ist, vor, dass sie ihre (politische) Vergangenheit verdrängt und nicht aufgearbeitet hat. Während des Telefongesprächs (siehe Kap. 5) provoziert Schnier seine Mutter mit Anspielungen auf ihre NS-Vergangenheit; Schnier merkt an, dass sie keinen Eigengeruch hat; damit fehlt ihr aber eine wesentliche menschliche Eigenschaft.

Leo

Schniers Bruder **Leo** ist zum Katholizismus konvertiert und lebt in einem Konvikt; das Telefongespräch zwischen den beiden Brüdern verläuft mühsam, letztlich ergebnislos. Mit seinem Bruder verbindet Hans Schnier aber einen besonderen Moment: Leo hat auf dem Klavier die Mazurka gespielt, als Hans von seiner ersten Nacht mit Marie nach Hause gekommen ist.

Henriette

Der Verlust der Schwester **Henriette** – Hans Schnier ist 10 Jahre alt – ist das traumatische Erlebnis in Schniers Kindheit; seit ihrem Tod besteht der Bruch Schniers mit seinen Eltern (22), seine Wut und seine Trauer über Henriettes Tod entladen sich in einem Akt der Aggression (254 f.). Er wünscht sich, als er seine Mutter anruft, Henriettes Stimme zu hören, all seine Erinnerungen an Henriette sind positiv besetzt (siehe 33).

Die Mitglieder des „Kreises“

An Heribert **Züpfner**, den katholischen Verbandsfunktionär, verliert Schnier Marie, die vor Jahren bereits mit Züpfner befreundet war (siehe 39), die Vorstellung, dass Züpfner nun mit Marie in Rom ist, ihr beim Ankleiden und Zuschrauben der Zahnpastatube zusieht, macht Schnier „elend“ (70). **Sommerwild**, der Prälat, teilt Schnier mit, dass Marie und Züpfner in Rom auf Hochzeitsreise sind; mit ihm führt Schnier Grundsatzdiskussionen über Fragen der kirchlichen Dogmen und der Ehe- und Sexualmoral. Im Gespräch mit Sommerwild muss sich Schnier letztlich eingestehen, dass Marie ihn freiwillig verlassen hat, dass er sie nicht hat halten können, dass ihre Beziehung gescheitert ist. Auf diese Einsicht nach dem Gespräch mit Sommerwild reagiert Schnier mir körperlicher Übelkeit (siehe 146). Zu den Mitgliedern des **Kreises** gehören **Kinkel**, der Jurist und Sozialpolitiker ist, Herr und Frau **Fredebeul**, **Blothert** und **von Severn**. Um **Kinkel** zu charakterisieren und deutlich zu machen, dass Kinkel völlig verwaschene und stets wechselnde Ansichten vertritt, zitiert Hans Schnier Maries Vater, der im Zusammenhang mit der Anschauung Kinkels spöttisch von den „Kinkel-Cocktails“ gesprochen hat, deren „wechselnde() Bestandteile(): Marx plus

Guardini oder Bloy plus Tolstoi" waren (91). **Fredebeul** schreibt Wahlreden für die CDU; Schnier bezeichnet ihn als „opportunistischen Schwätzer, der um jeden Preis Karriere machen will" (89), **von Severn** ist zum Katholizismus konvertiert, aber SPD-Mitglied, worauf er sich etwas einbildet, und **Blothert** ist der Gegenspieler von Kinkel und Anhänger der Todesstrafe, worauf Schnier besonders hinweist, weil er von Blothert bei der Diskussion über dieses Thema zum einzigen Mal mehr als zwanzig Worte gehört hat. Schnier bezeichnet Blothert als „unheimliche Erscheinung", die sich bei Debatten verkrampft und anfängt zu stottern (siehe 116).
Die genannten Mitglieder des „Kreises" werden von Hans Schnier negativ dargestellt; über sie äußert er sich spöttisch, sarkastisch, ironisch und zornig.

Die Gruppe der „positiv" besetzten Personen

Einige der auftretenden Personen werden von Schnier durchaus in positivem Licht dargestellt: Dazu gehören neben **Maries Vater Martin Derkum**, den Schnier nicht für einen Heuchler hält (93) und der der einzige Mann ist, den er je geküsst hat (69), die Eheleute **Emonds**, der Kaplan **Heinrich Behlen** (der allerdings sein Amt aufgibt), **Edgar Wieneken** (SPD-Mitglied) und **Monika Silvs**, das einzige Mitglied des Kreises, zu dem Schnier eine persönliche Beziehung aufbaut, die sich ihm gegenüber als hilfsbereit erweist und die er positiv zeichnet.

Die weiteren Personen

Mit **Kostert** und **Zohnerer** hat Schnier beruflich zu tun; **Bela Brosen**, die Geliebte von Schniers Vater, ist Schnier ebenfalls keine wirkliche Hilfe, mit dem **Mönch** in Leos Konvikt führt Schnier über das Telefon zwei Gespräche, in denen er eine gewisse Nähe der Ansichten feststellt. Allerdings erfährt Hans Schnier von seinem Bruder, dass der Mönch im Konvikt zum Außenseiter geworden ist.

Personenkonstellation

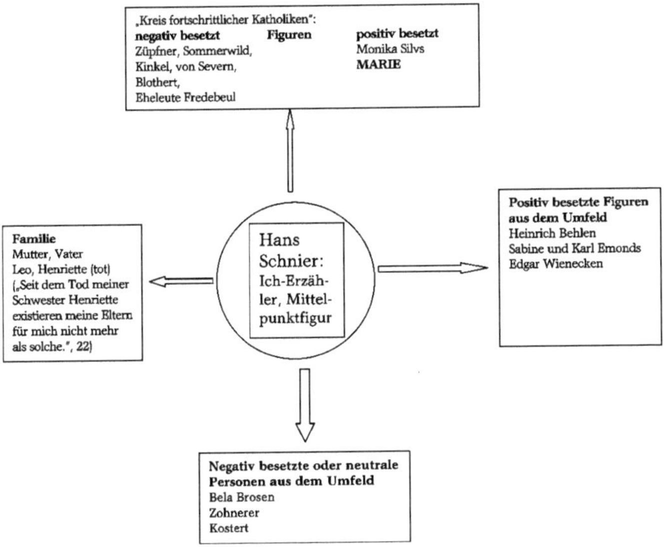

2.5 Sachliche und sprachliche Erläuterungen

Aus Platzgründen werden nur ausgewählte Erläuterungen präsentiert; deshalb soll an dieser Stelle ausdrücklich hingewiesen werden auf den Band von Marianne Meid, *Heinrich Böll – Ansichten eines Clowns,* Erläuterungen und Dokumente, Reclam Verlag, RUB 8192, Stuttgart 1993. Der Band enthält eine Fülle von **Wort- und Sacherklärungen** sowie Dokumente zur Entstehungs- und Rezeptionsgeschichte.

Tantum Ergo (9)	Beginn der 5. Strophe des Hymnus *Pange lingua gloriosi corporis mysterium*
Lauretanische Litanei (9)	Bittgesang mit Anrufungen Marias
Kontemplation (9)	Zustand geistiger Versunkenheit
Ein Haus voll Glorie schauet (23)	Kirchenlied von Joseph Mohr
Siehst du im Osten das Morgenrot (23)	Lied aus der NS-Zeit
Rübezahl (26)	Berggeist in der Sagenwelt Schlesiens
Apoll von Belvedere (28)	Apollostatue von Leochares (4. Jh. v. Chr.)
zölibatär (29)	Priester der katholischen Kirche leben im Zölibat (in der Ehelosigkeit)
Königin von Saba (38)	Gestalt aus dem Alten Testament
I. R. 9 (65)	Infanterie Regiment 9
Adlatus (116)	Helfer
katholon (116)	„Das Allgemeine"; Bezeichnung für die „wahre" Kirche
Miriam (186)	hebräische Form von Maria

Schweizer Gardisten (198)	Leibgarde des Papstes
Sechsundsechzig (200)	Kartenspiel
Krieg (200)	Brettspiel
Lazarus (228)	nach dem Neuen Testament durch Jesus von den Toten auferweckt
Sternthaler (247)	Anspielung auf das Märchen „Die Sterntaler"
Adhortation (263)	Ermahnung
Scrutinium (264)	Prüfung für die Übernahme eines geistlichen Amtes
Habitus (273)	äußere Erscheinung, Haltung
närrische Zeit (275)	Karnevalszeit
Groschen (275)	Bezeichnung für das 10-Pfennig-Stück (entspricht etwa 5 Cent)

2.6 Stil und Sprache

Heinrich Bölls Erzähler teilt sich uns in einer Sprache mit, die gut verständlich, anschaulich und detailreich ist und die ein Grundton der Ironie (und Selbstironie des Erzählers) durchzieht. Auch da, wo der Erzähler zu hypotaktischen Satzkonstruktionen greift, bleibt die Sprache für den Leser übersichtlich und durchaus im Konventionellen; sprachliche Experimente finden sich im Roman nicht. Der Erzähler hat eine Vorliebe für Reihungen – und zwar sowohl Reihung von Satzgliedern als auch Reihungen von Gliedsätzen und Hauptsätzen (Parataxen). Gerne wird der Doppelpunkt in elliptischen Konstruktionen eingesetzt, was zu einer Verkürzung führt, die den aufzählenden Charakter einer Aussage betont. Häufig kommen Einschübe vor, oftmals in Klammern gesetzt; auch Formen bildhaften Sprechens (Vergleiche, Metaphern) lassen sich finden sowie das bewusst eingesetzte Verwenden von Floskeln (oft mit ironischer bzw. satirischer Absicht). Immer wieder tritt, beim Wechsel von der Gegenwartsebene zur Vergangenheitsebene, ein Tempuswechsel auf.

Bezeichnung/Stilmittel	Beispiel
Hypotaxe	„Seitdem Marie mich verlassen hat, um Züpfner, diesen Katholiken, zu heiraten, ist der Ablauf noch mechanischer geworden, ohne an Lässigkeit zu verlieren." (7)

Reihung	„(...) Bahnsteigtreppe runter, Bahnsteigtreppe rauf, Reisetasche abstellen, Fahrkarte aus der Manteltasche nehmen, Reisetasche aufnehmen, Fahrkarte abgeben (...)" (7)
Ellipse/Doppelpunkt	„Ich bin ein Clown, offizielle Berufsbezeichnung: Komiker, keiner Kirche steuerpflichtig, siebenundzwanzig Jahre alt (...)." (8) „Meine Eltern, strenggläubige Protestanten, huldigten der Nachkriegsmode konfessioneller Versöhnlichkeit und schickten mich auf eine katholische Schule." (8 f.) „Alles rostfarben in meiner Wohnung: Türen, Verkleidungen, eingebaute Schränke; eine Frau im rostroten Morgenmantel auf der schwarzen Couch hätte gut gepasst (...)" (16)
Ironie (Selbstironie)	„Ich bin kein Säufer. Alkohol tut mir wohl, seitdem Marie gegangen ist." (21)
Bildhaftes Sprechen/ Vergleich	„Ein Clown, der ans Saufen kommt, steigt rascher ab, als ein betrunkener Dachdecker stürzt." (9)
Bildhaftes Sprechen/ Metapher	„Ich hätte mein Hemd hergegeben für einen Schnaps (...)" (11)

satirische Sentenzen	„– aber eine ganze Stadt zu dopen, das gelingt ihnen nicht." (71) „In diesem Punkt – im Briefstil – sind Vater und Leo gleich hilflos: sie schreiben über alles, als ob es um Braunkohle ginge." (73)
Tempuswechsel	„Ich drehte das Badewasser ab, zog den Rock aus (...) und wollte gerade ins Bad steigen, als das Telefon klingelte. Ich kenne nur einen Menschen, der das Telefon so vital und männlich ans Klingeln bringen kann: Zohnerer, mein Agent." (119)

2.7 Interpretationsansätze

Der folgende Abschnitt des Bandes präsentiert keine abgerundete Interpretation, sondern vertieft einige der bereits behandelten Aspekte und fügt ihnen neue hinzu.

Böll selbst hat einmal in einem Interview über seinen Roman *Ansichten eines Clowns* gesagt, „dass kein Buch so missverstanden worden" sei wie dieses und dass der Roman „eigentlich nur eine Liebesgeschichte" sei.[36] Und in der Tat ist sein Protagonist Hans Schnier ein am Verlust der Liebe leidender Mensch; mit Marie hat er seinen Halt verloren, mit ihrem Weggang hat sein beruflicher (verpatzte Auftritte, ausgefallene Engagements) und sozialer Abstieg begonnen. Der Roman ist somit auch ein Roman über die Selbstvergewisserung des Scheiterns des Protagonisten in seiner Liebesbeziehung; Hans Schnier wird sich allmählich klar darüber, dass nicht die anderen (die Mitglieder des „Kreises") dafür verantwortlich sind, dass Marie ihn verlassen hat, sondern dass sie dies aus freier Entscheidung getan hat (siehe 139). So scharf Hans Schnier oftmals in der Beurteilung anderer ist, so unerbittlich und kompromisslos er auf seinen Standpunkten beharrt, so erstaunlich unkritisch erscheint er bei der Beurteilung seiner Rolle in der Beziehung zu Marie. Ein Prozess des Nachdenkens über sich selbst und über das Bild, das er von Marie hat, findet nicht wirklich statt, eine Ursachenforschung erfolgt nicht. Wie er letztlich an einem klischeehaften Frauenbild orientiert ist, so wenig kritisch hinterfragt er auch sein eigenes Rollenbild. Er will von Marie umsorgt werden, sie schafft Ordnung in seinem Haushalt, sie wirtschaftet in der Küche, wo er sich ungeschickt anstellt, sie ist ihm „Spiel-

Eine Liebe und ihr Scheitern

Schniers mangelnde Selbstreflexion

36 Böll, zitiert nach Meid, S. 66.

gefährtin" (Mensch-ärgere-dich-nicht!) in manchen Hotelstunden, sie ist das Objekt seines sexuellen Interesses. Dass er aber Maries Probleme nicht zu erkennen, geschweige denn sie ernst zu nehmen in der Lage ist, verdeutlicht im Grunde schon der Morgen nach ihrer ersten gemeinsamen Nacht. Für Maries Kummer und Scham, für ihre Selbstzweifel und Sorgen hat Schnier nicht wirklich Verständnis; Maries Fragen nach seiner Liebe zu ihr beantwortet er nur beiläufig und schläfrig (siehe 52). An dieser Unfähigkeit Schniers, die Bedürfnisse Maries überhaupt nur wahrzunehmen, ändert sich in den Jahren ihres Zusammenlebens nichts. Schniers Überlegung, Maries Abwendung von ihm mit ihrer wiedererwachten Nähe zum Katholizismus zu erklären, greift zu kurz; vielmehr bindet sich Marie enger an den „Kreis" und an Züpfner, weil sie dort das Verständnis zu finden glaubt, das sie bei Schnier nicht findet. Ihr Schweigen, was ihre Fehlgeburten angeht, und die Art ihres Abschieds machen deutlich, wie wenig nahe ihr Schnier in den Jahren des Zusammenlebens gekommen ist. Günther Blamberger schreibt über Hans Schnier:

Distanz und Nähe

> *„Hans Schnier, der ‚Abfällige', stellt sich als ‚erhaben' dar in seiner Anklagerede, als einziger Unschuldiger in einer totalen Konsumgesellschaft, als Verteidiger der wahren Werte, als Heiliger in unheiliger Zeit, als Träger also der Hoffnungen Bölls, dass sich wenigstens im Außenseiter die Humanität spiegeln lässt. So unschuldig ist der Clown jedoch nicht, wenn man bedenkt, auf welch ‚sanfte' Weise er Marie zum Beischlaf überredet. (...) Wie selbstverständlich nimmt er dann an, dass Marie, die gute Schülerin, auf das Abitur verzichtet, ihre Ersparnisse für die Ausbildung des Clowns opfert und ihm sodann als Geliebte, Hausfrau und ‚besonders beherrschte Kinderschwes-*

ter' (128) dient. Sie ist für ihn außerdem Projektionsbild der eigenen narzisstischen Wünsche: Der Sohn aus reichem Hause schaut hingerissen zu, wie sich die Proletariertochter sorgfältig die Zähne putzt."[37]

Marie verkörpert für Hans Schnier auch das, was er – zumindest seit dem Tod seiner Schwester Henriette – zu Hause nicht gefunden hat: Wärme, menschliche Nähe, Geborgenheit, Aufrichtigkeit. Insofern ist der Roman auch ein Roman über den Verlust familiärer Bindungen, wobei die transportierte Gesellschaftskritik, vor allem was die „Vergangenheitsbewältigung" angeht, auf die Familie, und hier wiederum auf Schniers Mutter, fokussiert ist. Beim Telefonat mit der Mutter meldet er sich mit dem Satz: „Hier spricht ein durchreisender Delegierter des Zentralkomitees jüdischer Yankees, verbinden Sie mich bitte mit Ihrer Tochter", merkt dazu allerdings an, er sei über diese Äußerung „selbst erschrocken" gewesen (32). Die Verantwortung der Mutter für den persönlichen Verlust (Henriettes Tod) und Gesellschaftskritik (Schniers Mutter und ihre Parolen gegen die „jüdischen Yankees" noch kurz vor Ende des Krieges) verbinden sich hier in scharfer Satire, nämlich durch die

Kritik und Satire

„(...) unvermittelte Konfrontation personentypischer Handlungen oder Sentenzen im und nach dem Faschismus (...). Entlarvt werden in solchen satirischen Arrangements meist Charaktere, die sich eigentlich nach 1945 nicht geändert haben und darüber vermittelt die westdeutsche Republik, zu deren Lebenslüge die Annahme gehörte, dass die deutschen Faschisten spätestens mit der Gründung der Bundesrepublik alle zu Demokraten geworden seien."[38]

---

37 Blamberger, in: Bellmann, S. 212 f.
38 Götze, S. 73 f.

Wie Schnier die nicht erfolgte Auseinandersetzung mit der Ära des deutschen Faschismus ins Visier seiner Kritik nimmt, so kritisiert er die bundesrepublikanische Gegenwart als „Zeitalter der Prostitution" (270), in dem Menschen keine wirklichen Überzeugungen mehr haben (siehe das Beispiel der „Kinkel-Cocktails", 91) und das „tote, abstrakte, an die Kette gelegte Geld" (192) die Beziehungen der Menschen regiert. Auffällig ist im Zusammenhang mit Schniers Gesellschaftskritik, dass er keinen Standpunkt positiv formuliert; er findet den alten Derkum durchaus sympathisch, teilt aber nicht dessen kommunistisch geprägte Ansichten; das Gesellschaftsmodell der DDR sieht er nicht als Alternative an; er lehnt die CDU ab, ist aber auch kein Parteigänger der SPD; seine politischen und weltanschaulichen Überzeugungen werden, wenn er sie denn überhaupt hat, nicht deutlich bzw. lassen sich nur *ex negativo* bestimmen, nicht aber in einer positiv bestimmten Zielperspektive oder gar den Umrissen eines alternativen Gesellschaftsmodells. Schniers Standpunkt ist radikal individualistisch und eskapistisch, denn er hat nur sich selbst im Blick und setzt sich nicht mit den gesellschaftlichen Mechanismen (Politik, Ökonomie) auseinander, sondern will sich ihnen entziehen, was er als Bettler in der Maske des Clowns tut.

Schniers Ansichten

Diese Entscheidung Schniers, das Leben eines gesellschaftlichen Außenseiters, eine Randexistenz zu führen, ist zugleich auch Ausdruck seines Scheiterns als Künstler. Er sagt über sich selbst: „Was mich so unruhig macht, ist die Unfähigkeit, mich zu beschränken oder, wie mein Agent Zohnerer sagen würde, zu konzentrieren. Meine Nummern sind zu sehr gemischt aus Pantomime, Artistik, Clownerie (...)." (108) Ihm fehlt es an Disziplin, Trainingsfleiß und Motivation, seine lyrischen Ver-

Der Außenseiter und Künstler

suche scheitern, Menschendarstellungen geraten ihm oft zum Kitsch und zur reinen Karikatur (siehe 108 f.). Wie er kein politisches Programm hat, so hat er auch kein ästhetisches, wie er sich gesellschaftlich zurückzieht, so zieht er sich auch künstlerisch zurück und kommentiert, als Clown im Karneval unter Kostümierten und Maskierten sitzend, seine Maskerade mit dem Satz: „Nirgendwo ist ein Professioneller besser versteckt als unter Amateuren." (275) Über den scheiternden Künstler und gesellschaftlichen Außenseiter Hans Schnier hat Klaus Hermsdorf zusammenfassend geschrieben:

> *„Wer in Bölls Clown einen Nachfahren Eulenspiegels vermutet hat, sieht sich enttäuscht. Hans Schnier ist kein komischer Provokateur, kein triumphierender Schelm, kein überlegener Spötter über eine mächtige, aber heimlich schon ohnmächtige Welt. Obwohl er das zu sein auch versucht hat. (...) Bölls Bekenntnis zum Clown ist nur eine andere Form des Bekenntnisses zum ‚Nichts'. Er ist Künstler in der Rolle des Clowns, aber diese Rolle soll ihn vor allem der Notwendigkeit entheben, etwas zu sein und* ***für*** *etwas zu sein."*[39]

39 Klaus Hermsdorf: *Problematisches Bekenntnis zum Nichts*, in: Neue deutsche Literatur, 1964, Heft 1, S. 136 ff., zitiert nach Balzer, S. 86.

3. Themen und Aufgaben

Die Lösungstipps verweisen auf die Kapitel der vorliegenden Erläuterung.

Erstes Thema: Der Roman in seinem historischen Umfeld

Lösungstipp: siehe Kap. 1.2, 1.3 sowie 2.3

- Verschaffen Sie sich Informationen über die bundesrepublikanische Gesellschaft der ausgehenden 50er und beginnenden 60er Jahre des 20. Jahrhunderts!
- Informieren Sie sich (Literaturgeschichte) über die Strömungen der deutschen Literatur zur Zeit des Entstehens von Bölls Roman und über Bölls Schaffen bis zum Beginn der 60er Jahre!

Zweites Thema: Der Roman als „Liebesgeschichte“

Lösungstipp: siehe Kap. 2.3, 2.4, 2.7

- Untersuchen Sie das 7. Kapitel im Hinblick auf die Frage, welche Einstellungen Schniers zu Frauen und zur Liebe hier deutlich werden!
- Weisen Sie unter Bezug auf das 12. Kapitel nach, dass und warum die Beziehung zwischen Schnier und Marie Derkum in eine Krise geraten ist!

- Im „Nachwort" aus dem Jahre 1985 sagt Böll, dass die Frage des ehelichen oder nicht-ehelichen Zusammenlebens nicht mehr die Bedeutung habe wie im Erscheinungsjahr des Romans (siehe 280). Nehmen Sie begründet dazu Stellung, ob die von Böll konstatierte Veränderung der (Ehe- und Sexual-)Moral als Fortschritt angesehen werden kann!
- Alternative: Schreiben Sie aus der Perspektive Marie Derkums einen Brief an Hans Schnier, in dem Sie begründen, warum Ihnen das Sakrament der Ehe wichtig ist!

Drittes Thema: Der melancholische Clown

Lösungstipp: siehe Kap. 2.3, 2.4, 2.7

- Beschaffen Sie sich Informationen zu den Stichworten Satyr, Narr, Clown (Literaturlexikon, Internet)!
- Erarbeiten Sie die Gründe dafür, warum Hans Schnier das Angebot seines Vaters, ihm eine Pantomimenausbildung zu finanzieren, nicht annimmt (Kapitel 15)! Berücksichtigen Sie bei Ihrer Ausarbeitung auch die Seiten 108–111 im 10. Kapitel.
- Untersuchen Sie anhand geeigneter Textstellen Schniers Einstellung zum Geld (u. a. 15. Kapitel)!

4. Rezeptionsgeschichte

Heinrich Bölls Roman *Ansichten eines Clowns* erschien zunächst als Fortsetzungsroman in der „Süddeutschen Zeitung" im Zeitraum vom 6./7. April 1963 bis zum 17. Mai 1963. Die Illustrierte „Stern" hatte sich um eine Vorveröffentlichung des Romans erfolglos bemüht, die „Frankfurter Allgemeine Zeitung" wiederum hat eine Vorveröffentlichung abgelehnt. Bereits während des Vorabdrucks, also noch vor der letzten Folge, gingen die ersten Leserreaktionen bei der „Süddeutschen Zeitung" ein. Von Anfang an wurde der Roman heftig kritisiert und auf der anderen Seite begeistert gefeiert. Nicht zuletzt wegen der heftigen Reaktionen wurde dem Roman ein großes öffentliches Interesse zuteil, das weit über die literarischen Feuilletons hinausging. Wie Günther Grass' Roman *Die Blechtrommel* als **der** Roman der 50er Jahre gelten kann, so gilt dies für Bölls *Ansichten* als Roman der 60er Jahre. Die besondere Bedeutung des Romans lässt sich daran ablesen, dass alle bekannten Literaturkritiker und Feuilleton-Chefs der damaligen Zeit in die Debatte eingriffen und in der Wochenzeitschrift „Die Zeit" über sechs Wochen kontroverse Kritiken veröffentlicht wurden. Eröffnet wurde die Debatte von dem damals bereits sehr bekannten Marcel Reich-Ranicki, der den Roman insgesamt eher negativ bewertete und ihm eine oberflächliche und wenig ausgeschärfte Gesellschaftskritik attestierte (siehe z. B. das Zitat auf S. 54). Reich-Ranicki widersprach wenig später Joachim Kaiser, der den Roman positiv bewertete und von dem Werk als einem „bewegende(n) Buch" sprach.[40] Die gesellschaftskritischen Aspekte des Romans sind im Zusammenhang mit

Zeitgenössische Kritik

Öffentliche Kontroverse

40 Kaiser, zitiert nach Meid, S. 33.

der Fragestellung, ob es sich bei Bölls Roman um eine Satire handelt, Gegenstand von Diskussionen gewesen. Bei Götze heißt es hierzu:

> *„Auch die literaturkritische Diskussion über ‚Ansichten eines Clowns' (...) rekurriert immer wieder auf die Frage, ob der Roman satirisch sei. Viel Aufregung speiste sich daraus, dass man die Bundesrepublik im Roman zur ‚Karikatur' verzeichnet sah. Das Bekenntnis Hans Schniers, ihm gerate in seiner ästhetischen Praxis vieles allzu leicht zur Karikatur, antizipiert das öffentliche Urteil über den Autor, der ihn erfunden hat."*[41]

Die heftigste Kritik kam aus den Reihen des (organisierten) Katholizismus. Als Beispiel sei hier aus einem Leserbrief der „Katholischen Aktion", dem Sprachrohr der katholischen Kirche, zitiert, der von der „Süddeutschen" am 17. Mai 1963 veröffentlicht wurde:

> *„So treten die Angriffe gegen alles Katholische und Kirchliche, gegen kirchliche Lehren, Institutionen, gegen das Handeln der Kirche und kirchlicher Persönlichkeiten primär in den Vordergrund, zumal sie in der Form der terrible simplification vorgebracht und in ihren Verallgemeinerungen haltlos werden. Das Gleiche gilt für die Auslassungen und Schilderungen sexueller Intimbereiche, die, als Fortsetzungen dargeboten, nichts mehr mit einer Problematik zu tun haben, sondern lediglich aufreizend wirken müssen und den Charakter banaler, schamloser Bettgeschichten annehmen. (...) Ferner hat diese Veröffentlichungsform zur Folge, dass Ihren etwa 220 000 Abonnenten und noch mehr Lesern diese Dinge dargeboten werden, ob es sich nun um Durchschnittsleser oder um speziell literarisch Interessierte handelt. Zumal für Kinder und Jugendliche, die von der Schule aus angehalten sind, die Tageszeitung zu lesen, ist*

41 Götze, S. 68.

eine solche Lektüre vom erzieherischen Standpunkt aus gänzlich ungeeignet."[42]

Die Diskussion um den Roman ebbte auch nicht ab, als er in Buchform veröffentlicht wurde. Ebenso aber ebbte das Publikumsinteresse nicht ab. Bereits in den Jahren 1968 und 1970 wurde der Roman für die Bühne bearbeitet; diese Bühnenbearbeitungen boten die Grundlage für die Verfilmung des Romans durch Vojtech Jasny (1975/1976, Mitarbeit am Drehbuch: Heinrich Böll) mit Helmut Griem als Hans Schnier und Hanna Schygulla als Marie. Zwar fand der Film das Lob vieler Kritiker, doch wurde er nicht zum Publikumserfolg. Vielleicht hatte das mangelnde Interesse des Publikums seine Ursache darin, dass die im Roman zu seiner Erscheinungszeit noch virulenten Themen an Bedeutungskraft verloren hatten bzw. die APO und die Studentenbewegung die vom Clown Hans Schnier gestellten Fragen weitaus radikaler aufgeworfen hatten.

---

42 Leserbrief der „Katholischen Aktion", in: Süddeutsche Zeitung Nr. 118 vom 17. 5. 1963, S. 20, zitiert nach Meid, S. 38.

5. Materialien

Karl-Heinz Götze geht bei seiner Untersuchung des Romans u. a. der Frage nach, welche Rolle Satire, Humor und Erhabenheit in Bölls poetischen Auffassungen spielen und wie sich diese Poetik im Roman niederschlägt. Er schreibt u. a.:

„Es liegt nahe, dass sich Böll besonders für die Begriffe und Tradition der Satire, des Humors, der Karikatur, der Ironie, des Witzes interessiert in der Hoffnung, auf diesem Feld seine eigene erzählerische Praxis genauer orten zu können. (...) Böll geht bei seinen Überlegungen zu Satire, Komik, Humor, Witz usw. nicht von scharf umrissenen Definitionen aus. (...) Indem er seinen Begriff des Humors an den der Erhabenheit knüpft, nimmt er (...) eine Kategorie der klassischen deutschen Ästhetik auf, die insbesondere Schiller ausgearbeitet hat. Für Schiller besteht, grob gesprochen, der Mensch aus einer sinnlichen und einer sittlich-vernünftigen Natur. Nur im Idealzustand der Schönheit ist die Dichotomie beider aufgehoben. Tritt jedoch der Widerstreit zwischen Sinnlichkeit und Vernunft, zwischen Pflicht und Neigung auf, ist der Mensch aufgerufen, sittlich zu handeln, das Schöne in das Erhabene zu verwandeln. Das Erhabene ist also sozusagen der Vertreter der Moral im Reiche der Schönheit. Schillers kantianisch beeinflusster Moralismus und Bölls rigoroser Katholizismus koinzidieren im Begriff des Erhabenen. Allerdings wird Schillers idealistischer Moralismus durch Böll sozial konkretisiert. Seine Wiedereinsetzung des Erhabenen meint die Thronbesteigung der Ausgestoßenen, Mühseligen, Beladenen, Unterdrückten im Reich der modernen Literatur."[43]

---

43 Götze, S. 68 ff.

Mit seinen Überlegungen hebt Götze auf Bölls *Frankfurter Vorlesungen* ab, in denen Böll 1966 Erläuterungen zu seinen gesellschaftlichen, ästhetischen und poetologischen Ansichten gab und die sich, aus der Rückschau, stellenweise wie ein Kommentar zum Roman *Ansichten eines Clowns* lesen lassen. Böll sagt in diesem Zusammenhang:

„Es ist den vielen Definitionsversuchen nicht gelungen, Humor und Satire scharf gegeneinander abzugrenzen. Das Schwierige am Humor ist, dass er nicht erworben werden kann, es kann ihn einer nur haben. (...) Humor – das macht ihn möglicherweise denen, die ihn nicht haben, so verdächtig – setzt einen gewissen minimalen Optimismus und gleichzeitig Trauer voraus: Da das Wort humores Flüssigkeit, auch Säfte bedeutet und alle Körpersäfte, also Galle, Träne, Speichel, auch Urin meint, bindet es ans Stoffliche und gibt diesem gleichzeitig eine humane Qualität. Weinen und Lachen sind Merkmale des homo sapiens. Mir scheint, es gibt nur eine humane Möglichkeit des Humors: das von der Gesellschaft für Abfall erklärte, für abfällig Gehaltene in seiner Erhabenheit zu bestimmen. (...) Erhaben ist das Asoziale, und es muss einer Humor haben, es erhaben zu finden. Es gehört kaum Humor dazu, die große Gesellschaft als nicht erhaben darzustellen, es gehört Satire dazu, eine sich immer noch als christlich deklarierende Welt mit dem, was sie als Anspruch stellt, zu konfrontieren."[44]

44 Böll: *Frankfurter Vorlesungen*, S. 106–108.

Sieht man diese Passagen aus Bölls *Vorlesungen* im Zusammenhang mit dem Roman *Ansichten eines Clowns,* dann kann man, wie es Günter Blamberger tut, den Clown Hans Schnier als einen „Abfälligen par excellence" sehen.

„Hans Schnier ist ein Abfälliger par excellence, ein Nonkonformist, der sein Abitur nicht gemacht hat, den Militärdienst verachtet und Agnostiker ist, ein Clown, der in seinen Nummern die bundesdeutsche Gesellschaft kritisch abbildet, Pantomimen vorführt mit den Titel ‚Aufsichtsrat', ‚Der General', ‚Der Kardinal' etc. und damit doch nur die Hofnarrenrolle deutscher Intellektueller nach 1945 verkörpert. (...) Der Verlust Maries ist von der ersten Seite an bekannt, der Clown führt die Klage und ist sein eigener Anwalt, der die Vorgeschichte des Falls aufdeckt; die Telefonate mit den Freunden und den Feinden aus dem katholischen Milieu (...) gleichen Zeugenvernehmungen. Die Klage des Clowns wird zur Anklage gegen die bundesdeutsche Restaurationsgesellschaft. (...) Bevorzugtes Demonstrationsobjekt der Gesellschaftskritik des Clowns ist die eigene Familie. Das Haus der Braunkohlen-Schniers ist kein Heim, kein Fluchtraum des Privaten, sondern Schnittpunkt aller Kreise der Gesellschaft, für deren Inkludenz somit die repräsentativste Zelle."[45]

Während die Auseinandersetzung um den Roman die gesellschaftskritischen Aspekte in den Vordergrund gerückt hat, hat Böll selbst auf die „Liebesgeschichte" aufmerksam gemacht (siehe hierzu 2.7). Im Zusammenhang mit dieser Liebesgeschichte hat Albrecht Goes sein Augenmerk auf ein Detail gerichtet, nämlich die Zahnpastatube:

45 Blamberger, in: Bellmann, S. 208 f.

„Im ‚Clown' gibt es ein unscheinbares Detail, das ich sehr liebe und von dem ich meine, man sollte ihm den Rang eines Statussymbols zuerkennen. Es ist die Zahnpastatube der Marie Derkum. (...) Man muss das sehen – nein: man sieht das. Man sieht Marie Derkum. Man sieht die Anfänge, das Schreibwarengeschäft des Vaters, sieht, wie sie mitten in jener Nacht aufstehen musste, um das Betttuch zu waschen; sie weiß, was Armut ist, sie hat das Sparen gelernt. Nun drückt sie die Paste auf die Zahnbürste, einen Zentimeter, anderthalb, und dann verschließt sie Tube, um die Paste vor dem Vertrocknen zu schützen; säuberlich tut sie, was sie tut, genau, gewissenhaft. Und für Hans Schnier, den Clown, ist die Welt ohne Marie nicht mehr die Welt; er verheddert sich bei seinen Auftritten, er lacht, taumelt, trinkt (...) ‚Berufliches Pech' heißt es die Mutter am Telefon, und sie weiß nicht, dass es mit nichts anderem zu tun hat als mit – der Zahnpastatube auf dem Waschtischkonsol der Marie, die nun Marie Züpfner heißt. Warum ist das so gut, noch einmal? Weil es so ein banales Fast-Nichts zu sein scheint. (...) Man sieht Marie. Und man sieht den Clown. Wie heißt der Spruch? ‚Eifersucht ist eine Leidenschaft, die mit Eifer sucht, was Leiden schafft'. Nun, er braucht ja nicht groß zu suchen, der Clown, er ist mitten im Gestrüpp, und er ist ja geübt genug darin, mit den Möglichkeiten als mit Wirklichkeiten zu leben: dass Marie mit Züpfner Mensch-ärgere-dich-nicht spielt oder ‚die Sache' tut oder die angerauchte Zigarette des anderen aus dem Aschenbecher nimmt und zu Ende raucht – eines ist wie das andere."[46]

46 Albrecht Goes: *Die Zahnpastatube in ‚Ansichten eines Clowns´*, in: Reich-Ranicki (Hrsg.), S. 219–221.

Hans Schniers offizielle Berufsbezeichnung ist Komiker; er selbst nennt sich einen Clown (siehe 8). Über die Figur des Clowns schreibt Günter Blöcker:

„Der Filter, den Böll für seinen neuen Roman mit glücklicher Hand gewählt hat, heißt: der Clown. Der Clown ist alles – der Mann der Nähe wie der Distanz. Er operiert mit dem Material des Alltags und rückt es durch Pointierung, Überschärfung, Verzerrung sogleich von sich ab: Kind des Banalen und dessen frohlockender Überwinder; Geschöpf der Welt und Schöpfer einer Anti-Welt, die jene entlarvt und verlacht; Leidender und Triumphierender in einer Person. Die Vorliebe, die namentlich das moderne Drama für diese Figur bekundet, ist wohlbegründet. Böll begnügt sich jedoch nicht damit, den Clown als eine absolute, der dichterischen Fantasie frei verfügbare Spielfigur zu benutzen oder ihn lediglich als sozialen Gegentypus zur Erscheinung zu bringen – er führt ihn in vielfältiger, höchst ausdrucksvoller sozialer Verflechtung vor. Sein Clown ist Industriellensohn und als solcher mit allen Voraussetzungen für ein gehobenes bürgerliches Dasein ausgestattet. Dass er die Chance seiner Geburt nicht nutzt, ist weder persönliches Versagen noch Schicksalsfügung, sondernder freier Entschluss eines Menschen, der es (…) nicht über sich bringt, den ‚Schwindel' mitzumachen. Dem Heldenbild aus Kautschuk, als das sich der deutsche Mensch, personifiziert in Bölls Familie Schnier – einer Familie, die sich Hitler ebenso erfolgreich anpasste, wie sie nun das demokratische Abc herzusagen versteht –, wird hier mit einer totalen Geste des Ekels geantwortet. Wer angesichts des Überdauerns, ja des neuerlichen Triumphs der Schniers Mensch bleiben will, muss das Menschenantlitz ablegen, muss es mit der weißen Maske des Harlekins bedecken – die Clownsexistenz als letzte Zuflucht."[47]

---

47 Günter Blöcker: *Der letzte Mensch*, in: Lengning, S. 73 f.

Literatur

Ausgaben

Heinrich Böll: *Ansichten eines Clowns* – Roman, dtv Band 400. Köln: Deutscher Taschenbuch Verlag, 2001 (47. Auflage). *(Nach dieser Ausgabe wird zitiert.)*

Heinrich Böll: *Frankfurter Vorlesungen*. Köln: Kiepenheuer & Witsch, 1966.

Heinrich Böll: *Hierzulande – Aufsätze zur Zeit*, dtv Band 11. Köln: Deutscher Taschenbuch Verlag, 1970.

Lernhilfen und Kommentare

Balzer, Bernd: *Heinrich Böll – ‚Ansichten eines Clowns'*. Grundlagen und Gedanken – Erzählende Literatur. Frankfurt am Main: Diesterweg, 1999.
(Der Band führt in den Roman ein, gibt Informationen zur Entstehungs- und Rezeptionsgeschichte, thematisiert Gedanken und Probleme des Romans und enthält Materialien.)

Rogler, Christiane: *Heinrich Böll – ‚Ansichten eines Clowns'*. Mentor Lektüre Durchblick Band 313. München: Mentor, 2001.
(Der Band entspricht dem Profil der Reihe und gibt Grundlageninformationen.)

Sekundärliteratur

Bellmann, Werner (Hrsg.): *Heinrich Böll – Romane und Erzählungen.* Literaturstudium – Interpretationen, RUB Band 17514. Stuttgart: Reclam, 2000.
(Der Sammelband enthält Aufsätze zum erzählerischen Werk Bölls, u. a. auch einen Aufsatz zu „Ansichten eines Clowns".)

Dell'Agli, Anna Maria (Hrsg.): *Zu Heinrich Böll – Interpretationen*, LGW Band 65. Stuttgart: Ernst Klett, 1984.

Götze, Karl-Heinz: *Heinrich Böll – ‚Ansichten eines Clowns'*. Uni Taschenbücher Band 1368. München: Wilhelm Fink, 1985.
(Eine gründliche Analyse des Romans sowie der Rezeptionsgeschichte.)

Jurgensen, Manfred (Hrsg.): *Böll – Untersuchungen zum Werk*. Bern: Francke, 1975.

Lengning, Werner (Hrsg.): *Der Schriftsteller Heinrich Böll.* Ein biografisch-bibliografischer Abriss. dtv Band 530. München: Deutscher Taschenbuch Verlag, 1968.

Meid, Marianne (Hrsg.): *Heinrich Böll – ‚Ansichten eines Clowns'*. Erläuterungen und Dokumente. RUB Band 8192, Stuttgart: Reclam, 2001.
(Der Band enthält zahlreiche Wort- und Sacherklärungen sowie Dokumente zur Wirkungsgeschichte und Texte zur Diskussion; als Begleitmaterial unbedingt empfehlenswert!)

Nägele, Rainer: *Heinrich Böll – Einführung in das Werk und die Forschung*. FAT 2084. Frankfurt am Main: Fischer Athenäum, 1976.

Reich-Ranicki, Marcel (Hrsg.): *In Sachen Böll. Ansichten und Einsichten.* dtv Band 730. München: Deutscher Taschenbuch Verlag, 1971.

Reich-Ranicki, Marcel: *Mehr als ein Dichter. Über Heinrich Böll*. Köln: Kiepenheuer & Witsch, 1968.

Sowinski, Bernhard: *Heinrich Böll*. Stuttgart: Metzler, 1993.

Vogt, Jochen: *Heinrich Böll*. München: C. H. Beck, 1978.

Materialien aus dem Internet

Über die Linkliste der Bibliothek der Freien Universität Berlin (http://www.ub.fu-berlin.de) hat man einfachen Zugriff auf Materialien zu Böll sowie auf weitere lohnenswerte Links, z. B.

http://www.schulhilfen.com/referate/refdeu/refdeub004.asp
(Schulhilfen-Seite zu Bölls „Ansichten eines Clowns")

http://www.luise-berlin.de/Lesezei/Blz98_04/text05.htm
(Klaus Ziermann über Bölls „Ansichten eines Clowns")

http://www.boell.de
(Die Heinrich-Böll-Stiftung)

http://www.heinrich-boell.de
(Informationen über Leben und Werk, Veranstaltungen, Pressemitteilungen, Erbengemeinschaft Heinrich Böll, Heinrich Böll-Archiv der Stadt Köln, Verlage / Urheberrechte, Heinrich Böll-Stiftung, Heinrich Böll-Häuser, Heinrich Böll-Schulen)

http://www.stbib-koeln.de/boell/index.htm
(Das Heinrich-Böll-Archiv der Stadtbibliothek Köln)

http://www.nobel.se/literature/laureates/1972/
(Selbstdarstellung in der offiziellen Nobelpreis-Publikation)

http://home.pages.at/ego7/boell.html
(Linkliste zu Leben und Werk Bölls)

Bitte melden Sie dem Verlag „tote" Links!

Medien

Hörbücher:
Böll: *Ansichten eines Clowns.* Hörbuch. Ungekürzte Fassung, 440 Minuten. Sprecher: Heinz Baumann. 4 Cassetten. Beltershausen: Verlag und Studio für Hörbuchproduktionen, 1998.

Böll: *Ansichten eines Clowns,* 5 Audio CDs. Gelesen vom Autor. Lesung und Diskussion. München: Der Hörverlag, 2002.

Verfilmung

Ansichten eines Clowns. BRD 1976.
Regie: Vojtech Jasny.
Drehbuch: Heinrich Böll und Vojtech Jasny.

kurz & bündig

Bringt's auf den Punkt!

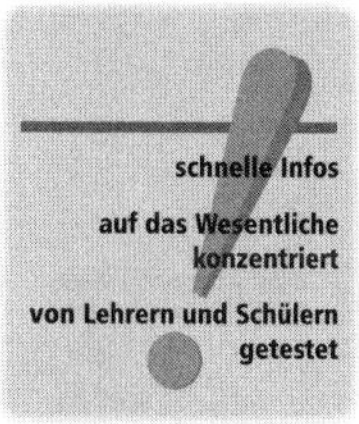

kurz & bündig
im praktischen Taschenbuch-Format 100 x 160 mm
Die Reihe ist für alle diejenigen konzipiert, die sich schnell auf eine bevorstehende Klassenarbeit oder eine Prüfungsklausur vorbereiten müssen. Wer Unterrichtsstoff zur eigenen Sicherheit nacharbeiten oder sich intensiv auf die nächste Unterrichtsstunde vorbereiten will, der findet in „kurz & bündig" genau den richtigen Lernpartner.

Thomas Brand, Thomas Möbius
Band 1
Erörterung – Sek I (Mittelstufe)
Best.-Nr. 1434-6

Thomas Möbius
Band 2
Erörterung – Sek II (Oberstufe)
Best.-Nr. 1435-4

Brand, Lödige, Möbius
Band 3
Bildbeschreibung, Charakteristik, Referat (Mittelstufe)
Best.-Nr. 1436-2

Thomas Möbius
Band 4
Textanalyse (Oberstufe)
Best.-Nr. 1437-0

Thomas Brand, Thomas Möbius
Band 5
Inhaltsangabe (Mittelstufe)
Best.-Nr. 1438-9

Hartwig Lödige
Band 6
Grammatik (Mittelstufe)
Best.-Nr. 1439-7

Thomas Möbius
Band 7
Kurzdiktate – 4. Sj.
Best.-Nr. 1449-4

Thomas Möbius
Band 8
Kurzdiktate – 5. Sj.
Best.-Nr. 1450-8

Thomas Brand
Band 9
Kurzdiktate – 6. Sj.
Best.-Nr. 1451-6

Thomas Brand
Band 10
Kurzdiktate – 7. Sj.
Best.-Nr. 1452-4

Thomas Möbius
Band 11
Die Facharbeit (Oberstufe)
Best.-Nr. 1453-2

Thomas Brand
Band 12
Protokoll, Schilderung, Kurzvortrag
(Mittelstufe)
Best.-Nr. 1454-0

Walburga Freund-Spork, Winfried Freund
Band 14
Die Ballade
Best.-Nr. 1458-3

Sigrid Frank, Thomas Möbius
Band 15
ABC der literarischen Grundbegriffe (Drama, Epik, Lyrik)
Best.-Nr. 1459-1

Jeder Band
Euro 5,00[D] / 5,20 Euro[A] / sFr. 9,00

Bange Verlag

Aufsatz

Qualität, die überzeugt!

Alle Aufsatz-Bände liegen in der 2. aktualisierten Version vor

Die Aufsatz-Lernhilfen für die Klassenstufen 5–13 behandeln die wichtigsten Aufsatzformen der genannten Jahrgänge und decken somit wesentliche Schwerpunkte des Lehrplans ab.
Die Bände enthalten sowohl die wichtigsten Informationen zu den einzelnen Aufsatzthemen als auch zahlreiche Übungsmöglichkeiten. Die Übungen bauen aufeinander auf und sind auf der Grundlage aktueller, schülernaher und unterrichtsrelevanter Texte verfasst. Inhaltliche wie sprachlich-grammatische Aspekte werden in gleicher Weise berücksichtigt.
Ziel ist es, den Schülerinnen und Schülern ein selbstständiges, schrittweises Erlernen der Aufsatzformen zu ermöglichen, das zugleich, anhand der bereitgestellten Texte, auch Spaß machen kann.
Ein Lösungsteil ermöglicht die eigenständige Kontrolle und Verbesserung der Arbeitsergebnisse.

deckt alle Schwerpunkte des Lehrplans ab

schülernahe Texte

Übungen mit Lösungen

regt zum selbstständigen Arbeiten an

Hartwig Lödige
Aufsatz – für das 5.–6. Schuljahr
Sek I / RS / Gym (HS/AHS)
Sek 118 Seiten
Best.-Nr. 1421-4 **Euro 11,70 [D]**
12,10 Euro[A] / sFr. 20,20
Folgende Themen werden behandelt:
Die Erzählung / Der Bericht / Der Brief / Die Beschreibung / Umgang mit Texten

Thomas Brand
Aufsatz – für das 7.–8. Schuljahr
Sek I / RS / Gym (HS/AHS)
180 Seiten
Best.-Nr. 1422-2 **Euro 13,30 [D]**
13,70 Euro[A] / sFr. 23,20
Folgende Themen werden behandelt:
Inhaltsangabe (auch erweitert) / Bildbeschreibung / Schilderung / Protokoll / begründete Stellungnahme und Kurzvortrag

Thomas Brand, Hartwig Lödige, Thomas Möbius
Aufsatz – für das 9.–10. Schuljahr
Sek I / RS / Gym (HS/AHS)
182 Seiten
Best.-Nr. 1423-0 **Euro 13,30 [D]**
13,70 Euro[A] / sFr. 23,20
Folgende Themen werden behandelt:
Informierende, berichtende, kommentierende Texte / Reportage / dialektische Erörterung / Geschäftsbrief / Charakteristik / Argumentationslehre / lineare Erörterung / Facharbeit / Referat

Thomas Möbius
Aufsatz – für das 11.–13. Schuljahr
Sek II / Gym (AHS)
Band 1
144 Seiten
Best.-Nr. 1424-9 **Euro 13,30 [D]**
13,70 Euro[A] / sFr. 23,20
Folgende Themen werden behandelt:
Die Inhaltsangabe / Die Erörterung / Die Textanalyse / Facharbeit

Thomas Möbius
Aufsatz – für das 11.–13. Schuljahr
Sek II / Gym (AHS)
Band 2
144 Seiten
Best.-Nr. 1425-7 **Euro 13,30 [D]**
13,70 Euro[A] / sFr. 23,20
Folgende Themen werden behandelt:
Die Textinterpretation / Epik / Lyrik / Drama / Textvergleich

Bange Verlag